Raymond Holliwell

Geistige Gesetze

Der Weg zu Wohlstand und Glück

Wirkungsvolle Prinzipien
für ein Leben in Fülle

EDITION WINSPIRATION

WIN-WIN AG, BERN

Original „Working with the Law“: Copyright © 1964 by Dr. Raymond Holliwell
Überarbeitete Fassung: Copyright © 2004 by LifeSuccess Productions LLC
Deutsche Übersetzung: Copyright © 2005 by WIN-WIN AG, Bern
Verlagsmanagement: Hans Ulrich Marti

Übersetzung aus dem Amerikanischen:
Elke Hildebrandt, Brannenburg
Umschlaggestaltung: Frank Ketteler, München
Satz: Satzspiegel, Rastatt
Druck: Scharer-Druck & Medien, Kuppenheim

ISBN 3-9523035-0-X

Printed in Germany
1. Auflage Mai 2005

WIN-WIN AG
Internet:
www.win-win.ag

Dieses Buch ist all jenen Menschen
in Liebe gewidmet,
die auf irgendeine Weise Anteil daran haben,
dass es verwirklicht werden konnte.
Eure Liebe, Hilfsbereitschaft, Unterstützung,
Bestärkung und Inspiration ruhen
in diesen Seiten – ich fühle mich euch
dankbar verpflichtet.

Raymond Holliwell

Inhalt

Vorwort

Bereits im Alter von 15 Jahren beschäftigte ich mich mit der Frage, was denn eigentlich Erfolg ausmacht. Ich verstand nicht, warum es anderen besser ging als mir. Warum wurde ich in eine arme Familie geboren, während andere es doch von Geburt an so gut zu haben schienen? Ich begann zu beobachten und kam nach und nach dahinter, dass es auf mein Inneres ankam – meine Gedanken, meine innere Einstellung bestimmen meinen Erfolg. Es dauerte trotzdem noch lange, bis ich die Gesetzmäßigkeiten, die dem Erfolg zugrunde liegen, richtig verstanden hatte. Da es um unser Inneres geht, lassen wir uns häufig davon abhalten, genauer hinzuschauen. Wir haben gelernt, allein das *Tun* führe zum Erfolg. Doch unser *Sein* ist viel wichtiger! Als ich das erste Mal den Klassiker von Napoleon Hill „Denke nach und werde reich“ las, sagte man mir, in diesem Buch seien die „Erfolgsfaktoren“ versteckt. Sie stünden irgendwie zwischen den Zeilen. Nach einiger Zeit erst fand und verstand ich sie. Es gibt keine einfache Formel wie: „Tue dies und du hast das große Los gezogen“. Doch wenn auch Sie die Gesetze verstanden haben, können Sie, so wie ich, mehr aus Ihrem Leben machen, als es die „übliche“ Laufbahn vorgesehen hat.

Aus einfachen Verhältnissen zum Millionär. Für jeden ist das möglich, ich habe es selbst erlebt. Und wenn Sie schon Millionär sind, oder wenn Ihnen anderes wichtiger ist, finden auch Sie in diesem Buch die richtige Anleitung zum Erreichen Ihrer Ziele. Manches verstehen wir erst richtig, wenn wir es selbst erfahren haben. In seinem Buch „Geistige Gesetze – Der Weg zu Wohlstand und Glück“ hat Raymond Holliwell die wichtigen „Regeln“ einfach und klar dargestellt. Befassen Sie sich öfter mit diesen Gesetzen – immer wieder, denn die Grundlage des Lernens ist die Wiederholung.

Lassen Sie sich durch die Sprache des Pfarrers Raymond Holliwell nicht irritieren, wenn Ihnen diese ungewohnt erscheint.

Es geht hier nicht um Kirche oder Religion. Die Gesetze des Universums sind „Naturgesetze“ oder „kosmische Gesetze“. In den Schulen werden sie jedoch nicht gelehrt. Früher wurden die Weisheiten nun einmal von Priestern weitergegeben, daher finden wir diese Regeln häufig in Verbindung mit „Religiösem“.

Ich wünsche Ihnen, dass diese Gesetzmäßigkeiten, diese Hilfestellungen bei Ihnen zu einem regelrechten Aha-Erlebnis führen. Nutzen Sie die Gesetze, und Sie können Ihr Leben selbst in die Hand nehmen, Sie können sich selbst gestalten! So wie Mary McCarthy sagt: „Es geht im Leben nicht darum, sich zu finden, es geht darum, sich selbst zu kreieren.“

Ihr
Wolfgang G. Sonnenburg

Einleitung

Seit vielen Jahren kommen Lernende in diese Schule, weil sie Gott besser verstehen und erkennen wollen, wie sie ihr Leben optimal gestalten können. Für sie ist Gott jemand, der weit weg ist, obwohl Er uns so nah ist wie der Atem, den wir schöpfen, näher als unsere Hände und Füße. Sie haben gehört, dass es viele Namen für Ihn gibt: Liebe, Göttlicher Geist, Göttliche Intelligenz, Jehova, Gott, Herr, Urgrund aller Dinge, Ursubstanz. Als analytischer Geist wollte auch ich Fakten über die Wahrheit kennen lernen. Denn was wahr ist, muss Fakten haben, und die müssen sich beweisen lassen, nicht nur mit dem Verstand, sondern auch auf eine ganz praktische Art.

Ich beabsichtige, diese Lektionen einfach darzulegen, ohne hochtrabende Worte oder vage Erklärungen, die schön und viel versprechend klingen. Die oben aufgeführten Bezeichnungen sind allesamt Synonyme. Sie bedeuten ein und dasselbe, und ich habe mich dafür entschieden, einen einfacheren Namen zu verwenden, den jeder verstehen wird.

Ich bezeichne den unser Leben spendenden Gott als „Gesetz". Wenn man das Gesetz auf verschiedene Weise interpretiert, wird es für unsere Denkweise klarer. Indem wir uns um ein Leben im Einklang mit dem Gesetz bemühen, leben wir in innerer Verbindung zu Gott. Ein solches Leben führt zu einer tieferen Einsicht.

In dem Maße, in dem Sie Ihr Wissen erweitern, werden Sie sich eine fundiertere Meinung bilden können. Zögern Sie also nicht, Ihren Blickwinkel zu verändern. Bedenken Sie, „der Weise ändert sein Denken, der Dumme nie". Es gibt keinen Fortschritt ohne Veränderung, kein Wachstum ohne Erneuerung.

Damit Fortschritt im Leben gewährleistet wird, muss es einen beständigen Strom neuer, besserer und reinerer Gedanken geben. Sobald man das Bessere wahrnimmt, lässt man von dem Alten ab und greift nach dem Neuen. Durch Festhalten am Alten und Schwächeren, obwohl Neues und

Höheres greifbar ist, wird Wachstum verzögert. Darin liegt die Ursache für viele Fehlentwicklungen des Menschen.

Nutzen Sie künftig Ihre Denkfähigkeit, und passen Sie auf, dass Sie wirklich die Oberhand behalten. Beherrschen *Sie* Ihren Verstand und führen Sie ihn auf kluge Weise; d. h. gehen Sie bei all Ihrem Denken mit Scharfblick vor. Lernen Sie denken, wie Sie denken sollten. Widmen Sie Ihr geistiges Leben den Dingen, die absolut notwendig für Ihr Wohlergehen sind, und halten Sie Ihr Denken in einer Balance zwischen Schönheit, Wahrheit und Fortentwicklung. Anders ausgedrückt: Leben Sie mit dem Ideal, doch vernachlässigen Sie dabei aber nicht die alltägliche Praxis.

Gleichen Sie beides einander an, und seien Sie äußerlich das, was Sie im Inneren erstreben. *Ihre Gedanken* werden Sie formen, und Ihre Ideale, Grundsätze und Leitmotive bestimmen Ihr Schicksal.

Lernen Sie Ihre Kräfte nutzen, es sei denn, Sie möchten von diesen benutzt werden. Bemühen Sie sich täglich darum, Ihre Kenntnisse, die Sie erworben haben, auch zu nutzen. Vertiefen Sie all Ihre Überzeugungen. Bemühen Sie sich um ein noch besseres und umfangreicheres Verständnis für jede Ihrer persönlichen Ansichten.

Dieser Prozess bringt Mühen mit sich, aber alle derartigen geistigen Schulungen sind äußerst förderlich und bewirken ein beständiges Anwachsen der Geisteskraft, wobei die Geisteshaltung im Alltag eine äußerst wichtige Rolle spielt. Sie werden gelegentlich Fehler machen, das passiert uns allen, besonders im Anfangsstadium unserer mentalen Entwicklung. Aber wir lernen aus unseren Fehlern.

Durch die stetige Nutzung unseres Erkenntnisvermögens wachsen unsere Fähigkeiten sowie unsere Wachsamkeit, so dass wir rechtzeitig weitere Fehler vermeiden können.

Die Probleme der Menschheit sind mentaler Natur; sie existieren nur *in* ihnen, in ihrem Inneren. Es wurde festgestellt, dass so gut wie alle Probleme gelöst werden können, wenn man sie einer weitreichenden und exakten Analyse unterzieht.

Sie können diese Fähigkeit der Problemlösung erlernen, wenn Sie die Gesetze des Lebens und ihre Erscheinungsformen studieren. Arbeiten Sie mit diesen Gesetzen, dann werden Sie Ihre Denkfähigkeit in dauerndem Bemühen in konstruktive Bahnen lenken. Sorgen Sie dafür, dass Sie für all Ihre Ansichten gute und fundierte Gründe haben.

In dem Maße, wie Sie sich darum bemühen, werden viele Ihrer alten Ansichten wie ein Kartenhaus zusammenfallen. Entwickeln Sie also klare und bestimmte Vorstellungen sowie Überzeugungen davon, *warum* Sie etwas so machen, wie Sie es machen, und warum Sie so denken, wie Sie denken. Diese Übung ist so etwas wie eine geistige Hausreinigung. Durch das Einüben des klaren Denkens werden der Verstand geklärt, Fähigkeiten gestärkt, Wahrnehmungen geschärft. Und wir können die wichtigsten, unentbehrlichen Voraussetzungen für ein großzügigeres und reicheres Leben verstehen.

Klares und exaktes Denken ist eine wichtige Notwendigkeit. Es ist in der Tat eine sichere Methode, wenn man sowohl auf der materiellen als auch auf der geistigen Ebene vorankommen will.

Man sollte jedoch unterscheiden zwischen dem nur oberflächlichen Gedanken, d. h. dem gewöhnlichen, unbedeutenden und alltäglichen Denken, und dem wirklichen Gedanken, der mit dem Verstehen der Wahrheit verbunden ist. Letzteres bedeutet tief gehendes Denken, das verborgene Kräfte weckt, die Wahrnehmung beschleunigt und zu einem besseren Verständnis führt. Ersteres ist nur eine vorübergehende Phase verstandlicher Aktivität, während Letzteres das Leben des Menschen bestimmt.

Das seichte, oberflächliche Denken, das wir den normalen Pflichten und kleinen Dingen des täglichen Lebens widmen, ist nicht das Denken, das unseren Charakter umformt, das unser Gemüt entwickelt oder unser Schicksal verändert. Nur das aufbauende, tiefgründige und durchdringende Denken kommt aus einer tiefen und starken Überzeugung, die auf einer höheren Wahrnehmung und klarerer Erkenntnis der Wahrheit fußt. Eine oberflächliche Vorstellung entspricht nicht dem wirklichen Gedanken.

Die wahren inneren Überzeugungen, die alle Ziele, Wünsche und Motive steuern, machen das wirkliche Denken des Menschen aus, sie bestimmen im Wesentlichen den Verlauf seines Lebens und sein persönliches Schicksal.

Psychologen sagen uns, dass jeder Einzelne durch seine eigenen inneren Überzeugungen gesteuert wird, unabhängig davon, ob er sich dessen bewusst ist. Diese Überzeugungen bestimmen weitgehend seine Denkweise; der innere Gedanke, der von Herzen kommt, spiegelt die wirklichen Motive und Wünsche wider. Daraus ergeben sich Handlungen. Wenn seine Vorstellungen und Überzeugungen förderlich sind und seiner höheren Natur entsprechen, wird alles gut sein, und in seinem persönlichen Leben wird sich die Harmonie, Schönheit und Nützlichkeit seiner aufbauenden und edlen Ansichten widerspiegeln. Sind seine Überzeugungen oder Vorstellungen ungesund und irrig, dann wird etwas Unschönes, Unharmonisches und Ungutes von ihm ausgehen.

Achten Sie bei Ihrer seelischen Weiterentwicklung immer darauf, dass Sie die Kraft Ihres Denkens entfalten und verborgene Fähigkeiten entwickeln.

Schulen Sie Ihren Verstand in klarem und exaktem Denken. Die Fähigkeit dafür wächst rasch durch regelmäßige Übung und Disziplin. Jeder normale Mensch möchte seine Kraft und Fähigkeit wahren. Schärfen Sie deshalb Ihren Verstand und denken Sie bei allem, womit Sie sich befassen, besser, größer und umfassender. Es gibt in der Welt so viel Gutes, dass es das

Üble ausgleichen kann; deshalb können Sie jeden Tag immer noch mehr aufbauende und gute Gedanken über sich selbst, Ihre Mitmenschen, das Leben und alle natürlichen Dinge erzeugen und damit beständig Ihr Gemüt bereichern und Ihr gesamtes Dasein verbessern.

Wenn Sie diese Lektionen voll ausschöpfen möchten, wird ein ein- oder zweimaliges Lesen kaum reichen. Lesen Sie sie oft und prüfen Sie alles genau. Jedes Mal wird Ihnen etwas klarer werden als vorher.

Raymond Holliwell

Die universellen Gesetze nutzen 1

„Es war zu der Zeit, da Gott, der Herr, Himmel und Erde schuf. Und alle die Sträucher auf dem Felde waren noch nicht auf Erden, und das Kraut auf dem Felde war noch nicht gewachsen."

(Gen. 2, 4-5)

In der Welt des Denkens ist heute die am häufigsten gestellte Frage, ob ein Mensch wohl die Fähigkeit, das Rüstzeug und die Macht hat, sein Leben selbst zu bestimmen, ob er sein kann, was er sein möchte, oder ob er ein Tropfen im großen Ozean des Lebens ist. Millionen sind von Arbeitslosigkeit, Armut und Not betroffen.

Können sie etwas dagegen tun? Aufgrund gescheiterter Ehen gibt es Tausende von zerrütteten Familien – kann ein solcher Bruch repariert werden? Millionen klagen über Krankheiten und Störfunktionen der verschiedensten Formen. All das nährt den Glauben, dass wir Opfer der Umstände sind, über die wir keine Kontrolle haben. Ein solcher Glaube macht aus uns Fatalisten und Karmaabhängige anstatt Meister und Bestimmende unseres Schicksals.

Ein fatalistischer Glaube ist ansteckend, und wenn ein Mensch sich seinem Einfluss unterwirft und glaubt, dass die Umstände um ihn herum stärker sind als die Kräfte in ihm selbst, dann ist dieser Mensch bereits geschlagen, noch ehe das Rennen begonnen hat.

In der Geschichte des Menschengeschlechts und in der Biographie des Menschen gibt es eine lange Liste von Beweisen, dass Menschen Situationen und Probleme in ihrem Leben gemeistert haben. Die Erkenntnisse aus Evolution und Anthropologie bestätigen, dass der Mensch dafür verantwortlich ist, was er ist. Er hat einen Einfluss auf seine Lebensverhältnisse, und durch diese Einflussmöglichkeit hat er andere Lebensverhältnisse herbeigeführt, die für sein Emporkommen notwendiger waren. Dennoch gibt es manche, die bezweifeln, dass wir unsere Verhältnisse selber schaffen. Sie glauben eher, dass sie durch Vererbung, Karma, Umwelt oder zahlreiche andere äußere Faktoren bestimmt werden. Diese halten sie für die wahren Ursachen unseres Misserfolgs. Sie glauben an die natürlichen Beschränkungen des Lebens. Sie leben in der Überzeugung, dass wir so bleiben müssen, wie wir sind; sie sind sicher, dass das, was passieren soll, passieren wird.

Andererseits hat die Wissenschaft, die die Geheimnisse des menschlichen Lebens erforscht, uns eine wunderbare Welt von Macht, Möglichkeit und Hoffnung offenbart.

Sie sagt uns, dass der Geist der kreative Ursprung all dessen ist, was im Leben des Menschen passiert, dass die Lebensbedingungen eines Menschen aus dessen Handlungen resultieren. Dass alle Aktivitäten eines Menschen das direkte Ergebnis seiner Vorstellungen sind. Dass wir niemals irgendetwas tun, ohne dass wir davon vorher in unserer Vorstellungswelt ein Bild oder einen Plan entwickelt haben. Diese Bilder oder Pläne sind mächtig, einflussreich; sie sind die Ursachen – seien sie nun gut, schlecht oder neutral – für die daraus folgenden Wirkungen, welche ihrerseits der jeweiligen Art der Vorstellung entsprechen. Die Wissenschaft sagt uns, dass diese Vorstellungen eine riesige Menge Energie freisetzen. Das heißt, wenn wir lernen, unseren Verstand konstruktiv zu nutzen, verwenden wir diese verborgenen Mächte, Kräfte und Fähigkeiten richtig. Das, so sagt uns die Wissenschaft, ist der SCHLÜSSEL für Erfolg im Leben.

Im Inneren des Menschen existiert eine wunderbare Welt, und die Entdeckung dieser Welt ermöglicht es dem Menschen, dass er innerhalb der natürlichen Grenzen all das tun, erreichen und verwirklichen kann, was er möchte. Ich glaube, dass der Grund, warum das berühmte englische Literaturgenie William Shakespeare einer der führenden Dramatiker der Welt ist, damit zusammenhängt. Die großen griechischen Dramaturgen mit ihren berühmten Einsichten machten immer irgendein äußeres Schicksal verantwortlich für den Niedergang ihrer Figuren, während Shakespeare etwas innerhalb der Menschen selbst Liegendes als Ursache für deren Erfolg oder Misserfolg sah.

„Der Fehler, lieber Brutus, liegt niemals in unseren Sternen, sondern in uns selbst, da wir Unternehmende mit freiem Willen sind."

Wir sehen Hamlet, wie er mit seiner widerstrebenden, unentschlossenen Seele ringt. Macbeth wird durch seinen Ehrgeiz angetrieben. Othello ist von Eifersucht zerrissen und gezeichnet. Diese Figuren kämpfen immer mit ihrem inneren Selbst, als ob der Dramatiker sagen würde: „Du bist der Meister deiner Umstände; biete all deine Kraft, Initiative und Geschicklichkeit auf, und sei der Meister. Das Schicksal liegt in deinen Händen, bestimme es selbst."

Wenn jeder Mensch die Macht und das Privileg hat, dass er sein Glück selbst bestimmen kann, was ist das dann für eine Macht? Wie können wir sie erkennen?

Wenn alle unsere Lebensumstände das Ergebnis unserer Handlungen sind, und alle Handlungen das Ergebnis oder die Frucht unserer Vorstellungen, dann müssen unsere Vorstellungen die Bedingungen in unserem täglichen Leben bestimmen. Eine Vorstellung ist ein Gedanke oder eine Ansammlung von Gedanken. Eine Vorstellung ist ein Bild im Geist.

Vor jeder bekannten Errungenschaft und Erfindung muss es eine Idee, ein mentales Bild gegeben haben. Am Anfang steht der kreative Plan. Wir lesen dies auch im ersten Buch der Bibel, über den „Großen Architekten":

„Es war zu der Zeit, da Gott, der Herr, Himmel und Erde schuf. Und alle die Sträucher auf dem Felde waren NOCH NICHT auf Erden, und das Kraut auf dem Felde war NOCH NICHT gewachsen."

Jeder Architekt und Baumeister folgt demselben Konzept, ob er ein Haus errichtet oder plant, eine Brücke, eine Institution oder sein eigenes Leben. Jeder ist sein eigener Designer und Baumeister; wie der Schöpfer lässt auch der Mensch seine Schöpfungen erst im Inneren Form annehmen, ehe sie sich in der Außenwelt manifestieren. Alle Furcht vor Krankheit, Armut und Alter sind Eindrücke, Vorstellungen, mentale Bilder, lange bevor sie zur schmerzlichen Realität werden. Jede Vorstellung und jedes mentale Bild muss sich selbst produzieren, egal, ob es ein gutes oder ein schlechtes Bild ist; das Gesetz bestimmt es so. Das Gesetz stellt die Art des Bildes, das wir ihm geben, nicht in Frage, zweifelt sie nicht an. Es weiß nur, dass es das akzeptieren muss, was angeboten oder gepflanzt wird, um es dann in eine sichtbare Form zu bringen. Manche Menschen können sich große Errungenschaften im Maschinenbau vorstellen und wissen doch nicht, dass sie mit der gleichen Methode ihre Krankheiten und Hoffnungslosigkeit bezwingen und die Gesundheit und das Glück genießen können, wonach sie sich sehnen. Maschinenbau ist dasselbe wie geistige Technik; beide sind absolut von der kreativen Intelligenz abhängig. Geistige Photographie produziert wie die mechanische Photographie genau das, was sie sieht. Das Bild eines reizlosen, hässlichen Menschen wird nie aussehen wie das eines Siegers bei einem Schönheitswettbewerb. Ebenso wenig wird ein kleiner, gedrungener Mensch auf einem Photo jemals groß und hoch gewachsen aussehen. Ein schwarzes Bild wird nicht weiß, und negative, zerstörerische Gedanken können keine positiven und aufbauenden Ergebnisse hervorbringen.

Ich kannte eine Frau, die in einem wunderschönen Haus in einem exklusiven Vorort mit jedem nur vorstellbaren Komfort lebte, den Wohlstand nur bieten konnte, um sie glücklich zu machen. Das Haus war weitläufig, an einem wunderbaren See gelegen, mit grünen Terrassen, die zum Ufer hinunterreichten.

Wunderbar gepflegte Blumenbeete waren großzügig an allen Wegen in dem Anwesen angelegt. Die Frau hatte viele Hausangestellte, die ihr halfen. Es sah so aus, als wäre ihr Leben so vollkommen, wie man es nur erträumen kann. Und doch, trotz all ihren Reichtums und aller Schönheit hörte man die Frau zu ihren Freunden sagen, dass sie auf den Tag warte, an dem sie von dem großen Haus und seinen Problemen erlöst sein würde und in einem Schrankkoffer leben könnte. Sie wollte einen Raum für sich haben, der gerade groß genug war, um sich darin zu bewegen, keine zusätzlichen Flächen, die abgestaubt und sauber gehalten werden mussten.

Ein paar Jahre vergingen. Ihr Mann starb und vererbte ihr den Grundbesitz. Sie verkaufte das Haus mit Verlust. Ihre anderen Besitztümer verloren durch unkluge Investitionen und Transfers so viel an Wert, dass ihr nur ein geringes Einkommen verblieb.

Sie zog zu einer Schwester, und entsprechend ihrem Wunsch hat sie nun ein kleines Zimmer im dritten Stock und lebt praktisch in einem Schrankkoffer. Ob sie nun glücklicher ist als vorher, weiß ich nicht, aber ich bezweifle es. Eines jedoch weiß ich: Sie hat sich selbst allmählich in die Lage mit dem kleinen Zimmer und der Mangelsituation gebracht, als ihr Bewusstsein anfing, klein und beschränkt zu werden. Unbewusst hat sie das kreative Prinzip berührt und es mit Vorstellungen von Geringfügigkeit, Einschränkung und Entzug versorgt, die sich innerhalb weniger Jahre materialisierten.

Wenn wir diese Vorstellungen oder intellektuellen Bilder in unserem Gehirn Form annehmen lassen, wenden wir bewusst oder unbewusst eine Fähigkeit an. Dieser kreative Prozess erfolgt Tag und Nacht, bis das Bild vollendet ist. Wir können uns nicht Gedanken über Armut, Krankheit und Zweifel machen und erwarten, dass im Gegenzug Wohlstand, Erfolg, Gesundheit und Mut bei uns einkehrt. Das geht genauso wenig wie der

Photograph ein wunderbares Bild von einer reizlosen Kreatur machen kann.

Dieses kreative Prinzip ist in einem Satz der Sprüche zusammengefasst. Da heißt es: „So wie ein Mensch in seinem Herzen denket, so ist er." (Sprüche 16, 9) Vielleicht haben Sie diese Aussage schon einmal gehört oder gelesen. Sie wurde von den Philosophen jeden Zeitalters gelehrt und ausgelegt. Vielleicht haben Sie versucht, diese Aussage zu beweisen, indem Sie alle negativen Gedanken aus Ihrem Gehirn entfernten. Aber weil dies entschiedene und anhaltende Anstrengungen erforderte, hat es Sie erschöpft. Daher glitten Sie in den Strom Ihrer alten Programmierungen und Gedanken zurück, und Ihnen ging es sogar noch schlechter als zuvor.

Andere waren nicht beeindruckt, als sie die Aussage hörten, weil sie die Behauptung nicht akzeptieren konnten, dass alle Misstöne im Leben das Ergebnis ihres Glaubens oder ihres früheren Denkens sind, das sich in einem Meinungsbild kristallisiert hat. Sie geben eher einem anderen oder etwas anderem dafür die Schuld. Selbst Gott gibt man einen Teil der Schuld. Dann gibt es wieder andere, die glauben, dass sich letztendlich alles rechtzeitig befriedigend gestalten wird. Aber dem ist nicht so.

Diese Menschen planen, dass sie irgendwann in ferner Zukunft das Himmelsreich erlangen können, obwohl es doch eigentlich abhängig von ihrer geistigen Verfassung ist, und an dieser kann man anstatt später bereits jetzt arbeiten. In der Tat, was nicht hier und jetzt erreicht wird, kann kaum in der Zukunft erreicht werden.

Irgendwann in unserem Leben werden wir zwangsläufig mit diesem Schöpfungsgesetz konfrontiert. Es bleibt uns keine Wahl.

Jeder wird von dem Gesetz bestimmt, ob er es kennt oder nicht. Vielleicht ist es dieselbe Vorstellung, die manche in Bezug auf das Gebet haben. Sie glauben, es sei Gottes Schuld, Wille oder Wunsch, wenn sie die Antwort, die sie suchen, nicht erhalten. Sie benutzen Gott als Sündenbock oder Ausrede, wenn ihre Gebete unerhört bleiben oder wenn ihnen ein bestimmtes Eingreifen Gottes oder der Natur unerklärlich ist. „Gottes Wille geschehe" ist eine der am meisten benützten und am wenigsten verstandenen Äußerungen in der heutigen Zeit. Manche nutzen diese Vorstellung als Krücke, auf die sie sich stützen, obwohl sie in Wirklichkeit eine mächtige Brücke ist, mithilfe derer man die tiefsten Abgründe und Geheimnisse überwinden kann. Es ist die Schuld des Menschen selbst, wenn seine Gebete nicht erhört werden. Das Schöpfungsgesetz antwortet immer und muss reagieren, wenn es richtig und weise angesprochen wird. In dem Moment, wenn der Mensch mit dem Gesetz Fühlung aufnehmen und es erkennen kann, wird er sofort die Vorteile genießen.

Das Gesetz offenbart sich dem, der es in seiner Auswirkung erlebt.

Ein Elektriker, z. B., betet nicht in der Hoffnung, der Strom werde sich irgendwann einmal herablassen, ihm zu dienen. Er studiert zuerst die Gesetze der Leitfähigkeit und Übertragung, damit er weiß, wie man mit dem Gesetz zusammenarbeitet, das die Elektroenergie regelt. Nachdem er dieses Wissen erworben hat, kann er mit dem Bau des Getriebes beginnen, das der Stromerzeugung und -weiterleitung dient. Dann kann er einen Schalter betätigen und riesige Maschinen betreiben, Wärme erzeugen, unzählige andere Geräte in Betrieb setzen oder Räume mit Licht durchfluten. Er kann das nicht nur einmal oder zweimal machen, sondern sooft er will, solange er nicht die Mechanik stört oder das Gesetz übertritt, das die Energie regelt. Das gleiche Prinzip gilt auch für alle anderen Wissenschaften, einschließlich der Geisteswissenschaft.

Es gibt eine wissenschaftliche Methode, mit der man über alles nachdenken kann, eine richtige und angemessene Methode, die eine sinnlose Verschwendung geistiger Energie verhindert und jederzeit die gewünschten Ergebnisse hervorbringt. Wie bereits erklärt, sind alle Dinge und Ereignisse, alle Erfahrungen und Lebensumstände Ergebnisse. Alle Ergebnisse jedoch unterscheiden sich hinsichtlich Qualität und Quantität und sind abhängig von dem Grad des Wissens und der Intelligenz.

Die Qualität des Ergebnisses, das von dem einzelnen Denker hervorgebracht wurde, kann gut, schlecht oder mittelmäßig sein und kann von bewusster Ausrichtung und Auswahl bestimmt sein bzw. diese nicht haben. Manche Ergebnisse sind stimmig und günstig, andere widersprüchlich und ungünstig, es kann aber auch eine Mischung aus allem sein. Es ist absolut notwendig, dass wir den schöpferischen Kräften unseres Geistes eine vernünftige Richtung geben, auf dass wir die besten und umfassendsten Ergebnisse in dem speziellen Bereich unseres schöpferischen Tuns erzielen. Aus Sicht der Nützlichkeit und allgemeinen Pflicht ist es wirklich außerordentlich wichtig, dass wir den Verstand und seine Funktionsweise verstehen und lernen, wie wir die Denkprozesse kultivieren und entwickeln, die es uns ermöglichen, das Leben und seine Umstände zu meistern.

Das Denken ist ein kontinuierlicher Prozess. Es ist eine schöpferische, nie endende Lebensaufgabe. Jede Stunde und jeden Tag unseres Lebens sind wir damit beschäftigt und erzeugen irgendwelche Wirkungen, wobei wir in uns die exakten Auswirkungen all unseres Denkens registrieren können. Obwohl wir nicht aufhören können zu denken, verfügen wir doch über das höchste Privileg, bestimmen zu können, welche Art von Ergebnis wir wünschen, indem wir die Form und die Qualität unserer Gedanken selbst steuern.

Wie das auf einfache und effektive Art gemacht werden kann, wird in den folgenden Kapiteln erklärt. Unser Hauptziel besteht darin, den Einzelnen dahin zu bringen, für sich selbst zu denken, seine eigenen Kräfte zu kultivieren und damit den sicheren

Weg der Selbstentfaltung und wahren Kultivierung seines Ich einzuschlagen.

Die großartige, selbstverständliche Tatsache, die man nicht oft genug wiederholen kann, besteht darin, dass wir durch positive Veränderung unseres Denkens auch automatisch unser Leben verbessern. Die moderne Psychologie hat überzeugend nachgewiesen, dass jeder Veränderung im Leben und in den Angelegenheiten eines Menschen eine Veränderung des Denkens vorausgehen muss.

Im Verlauf unserer Untersuchungen haben wir festgestellt, dass je weniger der Verstand eines Menschen entwickelt ist, desto materialistischer oder niedriger ist sein Denkradius. Je weiter das Gehirn entwickelt ist, desto höher ist der individuelle Blickwinkel. Daraus folgt jedoch nicht, dass ein Mensch, der welterfahren ist und über eine Menge Wissen und Erfahrungen verfügt, ein gut oder hoch entwickeltes Gehirn besitzt.

Im Gegenteil, dieser Mensch hat vielleicht einen unterentwickelten Verstand und wird weitestgehend von niederen Instinkten geleitet. Beschränktheit im Denken, festgelegte Ansichten, Voreingenommenheit und materialistisch geprägte Ansichten sind ein Zeichen für den Mangel an wirklicher Entwicklung.

Großzügiges Denken, eine umfassende und tolerante Einstellung, gesunde Überzeugungen und ein erweitertes Vorstellungsvermögen sind Zeichen für Wachstum.

Eine engstirnige Denkweise muss nicht immer so bleiben. Die Denkweise kann wachsen, sich erweitern und schließlich großartig werden. Der Weg ist klar und einfach. Lassen Sie einen so veranlagten Menschen seine eigenen klaren Auffassungen und starken Überzeugungen entwickeln – den erhabensten Standpunkt, den er erreichen kann – und dann beginnen, entsprechend zu denken und zu handeln. Fortschritt wird sich als natürliche Folge einstellen. Mit der Verbesserung und Erweiterung seiner Vorstellungen und geistigen Bilder verbessert und erweitert man seinen Verstand. Wer eine höhere Wahrheit erkennen lernen will, muss unweigerlich sein Verständnis erweitern. Noch einmal: Je größer Ihre Geisteskraft ist, desto besser werden Sie die Angelegenheiten Ihres Lebens zweckdienlich und vorteilhaft führen.

Als Nächstes können wir uns folgende Frage stellen: Wenn es solch ein Gesetz des Geistes gibt, was ist dann der Zweck dieses Gesetzes? Manche denken vielleicht, dass der universelle Geist keine Absichten hat, weil er unpersönlich ist. Und doch sagt uns Jesus, dass der universelle Geist eindeutige Intentionen hat. Er sagt: „Fürchte dich nicht, du kleine Schar, denn es hat eurem Vater wohlgefallen, euch das Königreich zu geben." (Lukas 12, 32) Wir sehen, dass sich die Intention des universellen Geistes auf das allumfassende Gute bezieht. Deshalb muss unsere Intention in die gleiche Richtung gehen in dem Wissen, dass das, was für das Universelle gut ist, dementsprechend auch für den Einzelnen gut ist, für dessen Wohlergehen und Glück. Das Prinzip, welches das Ganze segnet, wird auch all seine Bestandteile segnen.

Wenn unsere Absicht mit der universellen Intention in Einklang oder Übereinstimmung gebracht wird, dann werden wir selbst zu einem Ausdruck des Guten. Das verstehen wir unter Arbeiten mit dem Gesetz. Wenn die Absicht eines Menschen mit der Absicht Gottes übereinstimmt und nicht nur eine persönliche Laune ist, dann setzt eine Kraft ein, die der ungeleiteten Geisteskraft eine Richtung gibt. Die Arbeit mit dem Gesetz, wenn wir sie richtig verstanden haben, kann so leicht sein wie das Berühren des Lichtschalters, wie bei einem Elektriker, der, wenn wir den Schalter betätigen, unsere Geisteshaltung mit Licht und Verständnis durchflutet.

Wir hören heute viel über Kooperation, vereinte Anstrengungen, Zusammenschluss der Kräfte und Zusammenarbeit in einer kleinen Einheit oder im Team. Wir kennen die Vorteile der Teamarbeit aus Sport und Spiel. Wir lernen aus unseren Spielen, dass weder Effekthascherei noch individuelles Protzen dem Erfolg dienlich sind. Das Gleiche trifft auch auf das Spiel des Lebens zu. Niemand kann das Spiel alleine spielen. Man muss das Gesetz beachten, und es ist besser, man kooperiert mit ihm, als unwissend von ihm benutzt zu werden. Jemand hat einmal gesagt: „Ein Mensch, der nur sich selbst als Partner hat, ist ein Narr, aber mit Gott (dem Gesetz) ist er eine Mehrheit." Also, wenn jemand in der Lage ist, all seine Gedanken, Vorstellungen und Wünsche auf das Gute zu lenken und zu konzentrieren, wird er in der Lage sein, einen beständigen Strom des Guten zu erzeugen.

Wenn wir uns wieder auf den Meister beziehen und all die gute Arbeit und die Wunder anerkennen, die Er vollbracht hat, dann sehen wir, dass Er sich dies nie als persönlichen Verdienst anrechnen ließ. Er kannte das Gesetz, und weil Er in ihm stand und aus ihm wirkte, konnte Er – zum Erstaunen der unaufgeklärten Leute – Wunder vollbringen. Er sagte: „Ich bin es nicht, es ist der Vater (das Gesetz), der in mir wohnt, der die Werke tut." (Joh. 14, 10) Somit arbeiten alle Dinge für diejenigen Hand in Hand, die das Gute (das Gesetz) lieben, weil die Liebe des Guten sich vereint mit einem Strom des Guten, und nicht weil das Gute heraustritt, um seine Dankbarkeit zu zeigen.

Jeder Misserfolg in unserem Leben rührt daher, dass wir uns für das Endliche um uns herum entschieden haben. Jeglicher Erfolg im Leben rührt daher, dass wir uns für das Gesetz in uns entschieden haben. Deshalb kann das Wirken im Einklang mit dem Gesetz so gesehen werden, als würden wir das Gesetz in unseren Geist aufnehmen, wo es als stiller Partner lebt. Wir sind uns dann der Quelle und des Schöpfers aller Kraft bewusst und erkennen und empfangen den vielfältigen Nutzen, der uns umgibt.

Wer nach jeder nur möglichen Idee sucht und alles ergreift, was sich zeigt, in der Hoffnung, er könne eine Methode für rasche Lösungen von Lebensproblemen finden, wer jede missverstandene Person, jeden Umstand für seine Fehler und Niederlagen verantwortlich macht, der wird auf diese Weise nie ein befriedigendes Leben finden. Solche Menschen finden nur eine Existenz, und sie wird bestenfalls variabel und veränderbar sein. Leben mit all seinen Attributen des Guten ist niemals etwas, das nur ein paar wenige Glückliche berührt. Es ist etwas, das man schaffen muss. Es ist etwas, das man planen, sich geistig vorstellen und worüber man nachdenken muss. Wer nach Liebe, Glück, Vermögen und Erfolg sucht, muss verstehen, dass das nicht etwas ist, was man finden kann. Man kann es auch nicht kaufen oder von jemandem borgen. Niemand kann es Ihnen geben; Sie müssen es in sich selbst kreieren. Ihre Wünsche und Vorstellungen sind wie Samen, die Sie in den Boden legen, und zwar in den Boden des Geistes. Wenn Sie die Gedanken-Samen gesät haben, hegen, pflegen und schützen Sie sie gut bis zur Erntezeit. Dann ernten Sie all das, was Sie gesät haben, in reichem Maße. Natürlich wird derjenige, der den saubersten und fruchtbarsten Garten hat, die besten Erträge haben.

Aus diesem Kapitel können wir lernen, dass wir die Fähigkeit haben, weil wir denken können, und mit unserem Denken schaffen wir Wünsche und Vorstellungen. Wir haben das Rüstzeug: Es besteht aus den Ideen- und Gedanken-Samen, die wir in den Boden unseres Geistes säen. Wir haben die Kraft, weil die universelle Kraft des Geistes in jedem Einzelnen von uns steckt. Alles, was wir je haben und sein wollen, ist unser, wenn wir darum bitten, wenn wir das Gesetz des Lebens, das Gesetz des Geistes richtig anwenden. Wenn sich eine Situation ergibt, lassen wir uns nicht von ihr bestimmen wie ein Sklave, sondern wir müssen sie überwinden, bewältigen und meistern, indem wir das kreative Gesetz des Denkens anwenden, wodurch unsere Weisheit und Kraft wächst. Denn, wie Dr. John Murray so oft hervorhebt: „Wir befinden uns in Übereinstimmung mit unserem eigenen System von Vorstellungen."

2 *Das Gesetz des Denkens*

„Wie ein Mensch denket in seinem Herzen, so ist er.“

(Sprüche 23, 7)

Für den Durchschnittsmenschen ist das Leben ein Mysterium, ein großes Geheimnis, ein undurchschaubares Sammelsurium, ein unbegreifliches Problem – oder erscheint zumindest so –, doch ist es ganz einfach, wenn man den Schlüssel dazu besitzt. Mysterium ist nur ein anderes Wort für Unwissenheit; alle Dinge sind mysteriös, wenn sie nicht verstanden werden, aber wenn wir das Leben verstehen, ist es kein Mysterium mehr.

Der Mensch ist ein sich entwickelndes Wesen, ein ständig wachsendes Geschöpf, vor dem ein unbegrenzter Ozean von Weiterentwicklung liegt, welcher vom Menschen allein durch die Entfaltung und Pflege seiner angeborenen Fähigkeiten befahren und erobert werden soll. Die Entwicklung des Einzelnen wird weitestgehend von seinem vorherrschenden geistigen Zustand bestimmt, weil der Geist das Grundelement und die bestimmende Kraft im gesamten menschlichen Leben ist. Der vorherrschende geistige Zustand ist ausschlaggebend, da er alle Kräfte, Fähigkeiten und Mächte des Menschen in eine bestimmte Richtung lenkt. Alle Faktoren zusammengenommen, bestimmen, welche vielfältigen konkreten Erfahrungen der Mensch sammeln wird und wie sich sein persönliches Schicksal gestaltet.

Der vorherrschende Geisteszustand setzt sich aus verschiedenen geistigen Ansichten zusammen, die der Einzelne in Bezug auf Dinge, Ereignisse und das Leben im Allgemeinen einnimmt. Äußern sich diese in einer weit blickenden, optimistischen und aufrichtigen Haltung gegenüber dem Leben, dann wird sein vorwiegender Geisteszustand eine sehr aufbauende und fortschrittliche Tendenz aufweisen und diese auch zum Ausdruck bringen. Da sich so gut wie alle Kräfte der Persönlichkeit auf die eine oder andere Weise durch das Bewusstsein ausdrücken und die täglichen intellektuellen und physischen Handlungen weitestgehend durch das Bewusstsein kontrolliert werden, ist es offensichtlich, dass der vorherrschende Geisteszustand die Richtung bestimmt, in die die Energie des Einzelnen fließt.

Wenn sein vorherrschender Geisteszustand aufwärts gerichtet ist, d.h. zielstrebig, harmonisch und aufbauend, dann wird all seine Energie in aufbauende Bahnen gelenkt; wenn aber sein Geisteszustand eine nach unten führende Tendenz aufweist, d.h. unharmonisch und zerstörerisch, dann wird fast seine gesamte Energie fehlgeleitet.

Es ist deshalb offenkundig, dass von all den Faktoren, die das Leben und die Erfahrungen der Menschen bestimmen, wohl keiner einen größeren Einfluss ausübt als der vorherrschende Geisteszustand. Ansichten sind das Ergebnis von Vorstellungen, und diese haben ihren Ursprung in der geistigen Haltung; darum kann man bei der Suche nach wahrhaftigen und natürlichen Ansichten die besten und überragendsten Ideen entwickeln, wobei diese ihrerseits die vorherrschende Geisteshaltung bestimmen.

Wir glauben üblicherweise eher als wir sehen. Einige halten zwar unsere Sinneseindrücke für die einzig gültigen Tatsachen, die sie akzeptieren, aber wir werden nun immer deutlicher erkennen, dass das, was wir sehen, bestimmt wird von dem, was wir glauben. Anders ausgedrückt: Glauben ist sehen. Es entstehen mehr Verluste und Fehlschläge aufgrund mentaler Blindheit als wegen moralischer Abweichung. Wenn jemand nur mit dem physischen Sehvermögen leben würde, wäre seine Welt sehr klein. Man sagt, dass für ein Insekt die Welt nur so groß ist wie das Blatt, auf dem es lebt, und oftmals reicht seine Lebenszeit kaum aus, um das gesamte Blatt zu verzehren. Wenn der Mensch entsprechend seinen Sinnen leben würde, wäre der größte Sinn, den er besäße, das Sehvermögen. Damit würde unsere ganze Welt nur so weit reichen, wie wir sehen können.

Wenn wir an die Offenbarungen unserer Augen glauben würden, würden wir vieles Unwahre akzeptieren. Schaut man z. B. auf ein Eisenbahngleis, hat man den Eindruck, dass sich in einer bestimmten Entfernung die beiden Gleise zu einem vereinigen. Dieser Eindruck trügt jedoch.

Haben Sie jemals auf einer Strandpromenade gestanden und zugesehen, wie ein Schiff langsam im Meer versinkt, wenn es ausläuft? Dieses Schiff sinkt jedoch nur scheinbar, unsere Augen sagen uns etwas Falsches. Wenn Sie über ein Hindernis oder ein Problem beunruhigt sind, erinnern Sie sich einfach daran, dass es vielleicht nur eine reine Sinnestäuschung ist, dass es nach dem universellen Gesetz vielleicht jeder Wahrheit entbehrt.

Wussten Sie, dass Sie gar nicht mit Ihren Augen sehen? Ihre Augen sind wie ein Fensterpaar, auf deren Rückseite ein Reflektor sitzt, welcher das Bild von den Dingen erzeugt, die Sie sehen. Außerdem setzt er einen Wellenstrom in Gang, der durch dünne Drähte fließt, die als Nerven bezeichnet werden. Dabei wird das Bild an das Gehirn übertragen. Im Gehirn wird es dann an das Gedächtniszentrum weitergeleitet. Wenn das Bild unserem Gehirn vertraut ist, wird es dieses bereitwillig annehmen, handelt es sich aber um ein neues Bild, eine neue Szene, erkennt unser Gedächtnis das kaum, und wir müssen dieses Bild immer von neuem wiederholen, bis ein bleibender Eindruck davon entsteht. Deshalb kann man sagen: Wir sehen nicht mit unseren Augen, sondern mit unserem Gehirn.

Das Denken ist eine subtile Angelegenheit. Obwohl wir es mit unseren Augen nicht wahrnehmen können, ist es eine wirklich existierende Kraft oder Substanz, so real wie die Elektrizität, wie Licht, Wärme, Wasser oder sogar Stein. Wir sind umgeben von einem riesigen Ozean von Gedankenformen, durch den unsere Gedanken fließen wie elektrische Ströme, feine Lichtstreifen oder Schallwellen. Man kann seine Gedanken in weniger als einer einzigen Sekunde von Pol zu Pol und mehrfach um die ganze Welt schicken. Nach Aussage von Wissenschaftlern erfolgt unser Denken etwa mit Lichtgeschwindigkeit. Ihren Angaben nach bewegen sich unsere Gedanken mit einer Geschwindigkeit von 298.000 km pro Sekunde und damit 930.000-mal schneller als unsere Stimme. Bisher kennt man keine andere Kraft oder Energie im Universum, die so groß oder so schnell ist. Es ist eine wissenschaftlich bewiesene Tatsache, dass unser Denkvermögen wie eine riesige Batterie wirkt, die ihresgleichen sucht.

Die Kraft unserer Gedanken ist unbegrenzt, unerschöpflich, und doch gibt es so gut wie niemanden, der sich der Möglichkeiten dieser Gedankenkraft vollkommen bewusst ist – wir sind darin so unwissend wie Babys. In dem Maße, wie wir unser Verständnis erweitern und unser Denkvermögen gezielter einsetzen, lernen wir, unsere Leiden zu vertreiben und das Gute in jeder nur gewünschten Form zu stärken.

Es ist unsere Denkkraft, die unsere Lebenslage bestimmt. Wir erzeugen durch sie eine Energie, die sich überallhin ausbreitet. Und diese Energie erzeugt eine Strahlung, deren Art man selbst bestimmt. Unsere Gedanken beeinflussen unser Wohlergehen und oftmals andere, an die wir denken. Die Art der Gedanken, die wir in unserem Gedächtnis speichern oder gewohnheitsmäßig denken, zieht gleich geartete Umstände an.

Erzeugen und nähren wir Erfolgsgedanken, werden gleichartige Gedanken angezogen, denn „Gleich und Gleich gesellt sich gern“. Wir werden geistig in den universellen Gedankenstrom des Erfolgs gezogen, und diese Ströme von Erfolgsgedanken umgeben uns überall. Wir treten geistig in Kontakt mit Menschen, von denen gleichartige Gedanken ausgehen, und später werden sie dann in unser Leben eintreten. Folglich sind erfolgsorientierte Menschen selber daran beteiligt, dass der Erfolg zu ihnen kommen kann. Das Gesetz, welches die Wirkung unserer Gedanken bestimmt, wirkt unablässig und in beide Richtungen. Wer in Gedanken über Fehlschläge oder Armut versinkt, fühlt sich zu solchen Umständen hingezogen; sie ziehen ihrerseits Menschen an, die Misserfolg und Armut hinnehmen.

Andererseits können wir an etwas Erfreuliches denken, an Erfolg und Überfluss, und so Fülle und Überfluss erleben. Was wir gedanklich in uns bewegen, nimmt in der Außenwelt Gestalt an.

Manche glauben, wir hätten es mit zwei Kräften zu tun und wir müssten das Üble beseitigen, um das Gute anzuziehen. Das Gegenteil ist jedoch der Fall, denn wenn wir z. B. frieren, beschäftigen wir uns wohl kaum gleichzeitig mit der Kälte und der Wärme, damit uns warm wird. Wir machen ein Feuer, und wenn wir uns an das Feuer setzen, genießen wir die von ihm ausströmende Wärme und uns wird warm. In dem Maße wie uns warm wird, verschwindet die Kälte, weil Kälte ein Mangel an Wärme ist. Um warm zu werden, richten wir all unsere Gedanken auf die Dinge, die Wärme erzeugen können. Wenn wir an Wärme denken, geben wir ihr Raum in uns und schenken der Kälte keine Beachtung. Reichtum und Armut sind nicht zwei verschiedene Dinge, sondern nur zwei Seiten einer Medaille, eine Kraft, die richtig oder falsch verwendet wird. Wir können nicht an Überfluss denken und uns dann Sorgen machen über die ungünstigen Umstände, die offensichtlich herrschen. Sobald wir an Überfluss denken, verliert der Mangel, sein Gegenteil, an Kraft oder er verschwindet. All unsere Gedanken müssen auf diese eine von uns gewünschte Sache gerichtet werden, damit sich unser Wunsch erfüllen kann. Es geht für uns nicht darum, uns mit zwei Mächten zu befassen, uns mit Gut und Böse, Richtig und Falsch, Wohlstand und Armut auseinanderzusetzen, sondern wir können all das Gute erreichen, wenn wir das Gesetz des Guten befolgen und uns auf das, was gut ist, konzentrieren.

Die Kraft unseres Wollens ist immer tätig, wie fruchtbarer Boden. Die Natur unterscheidet nicht zwischen dem Samen von Unkraut und dem einer Blume. Sie bringt beide Samen hervor und lässt sie wachsen. Für beide wird dieselbe Energie verwendet, und so ist es auch mit Ihren Gedanken: Sie bewirken Gutes wie Böses. Ihre Vorstellungen bestimmen, was entsteht.

Ein Farmer, der vor Jahren aus einer kleinen Farm in Pennsylvania nach Nebraska gekommen war, konnte sich nie daran gewöhnen, einen Garbenbinder, eine Maschine zum Schneiden und Binden von Getreide, zu benutzen. Er war an die alte Handgabel gewohnt und band sein Korn ebenfalls von Hand. Wiederholt sagte er zu seinen Freunden:

„Dieser Binder wird mich noch umbringen." Er hatte jedes Mal Angst, wenn er auf den Sitz stieg. An einem Tag, als ich dort war, gingen seine Pferde mit ihm durch, und er wurde über die Fördervorrichtung in die Maschine geworfen. Es erging ihm wie Hiob: Ihn überfiel Angst. Es hatte nur ein paar Jahre gedauert, bis die Ängste, die er im Unterbewusstsein zugelassen und genährt hatte, wahr wurden.

Unsere Ängste können bei uns so viel anrichten, dass wir sehr zurückhaltend mit dem sein müssen, was wir fürchten und worüber wir uns sorgen. Vor vielen Jahren, als hierzulande eine Grippeepidemie grassierte und viele daran starben, veröffentlichte eine Zeitung einen interessanten Artikel. In großen Schlagzeilen stand da: Keine Angst vor der Grippe. Es handelte sich dabei um den Titel eines Artikels, der von einem einheimischen Arzt verfasst war und in dem er erklärte, dass die Angst der größte Feind der Menschheit sei. Sie sei imstande, die Widerstandskraft des Menschen zu brechen und ihn damit empfänglicher für diese Krankheit zu machen. Die Welt erkennt immer mehr, dass wir uns keiner Angst hingeben dürfen, sonst überwältigt sie uns.

Alles, was wir denken, nimmt Form und Gestalt an. Warum, glauben Sie, geht der Bauer in seinen Garten, jätet Unkraut und ist eifrig bemüht, alles zu entfernen? Weil er weiß, dass das Unkraut, wenn er es nicht beseitigt, immer stärker und kräftiger wird und seine Ernte erstickt. Wenn uns irgendein Umstand einschränkt, vielleicht ein Unkraut, das herausgezogen werden muss, so müssen wir wissen, dass wir eine *Wirkung* sehen, niemals die wirkliche *Ursache*. Wollen wir dieser Ursache auf den Grund gehen, dann müssen wir unser Gedächtnis bis in die hintersten Winkel durchsuchen. Wenn wir es nicht selbst herausfinden können, dann gibt es andere, die das tun. Dann gilt es die Ursache zu beseitigen und an ihre Stelle die richtigen Gedanken zu setzen. Das heißt, wenn es Angst ist, muss man diese durch Mut ersetzen. Wenn es ein kranker Gedanke ist, muss man ihn durch einen gesunden ersetzen. Wenn es ein beschränkter Gedanke ist, muss man ihn durch Gedanken an Überfluss ersetzen. Es geht darum, eine Entscheidung zu erzwingen, durch die man die Richtung der Gedanken ersetzt oder ändert. Wenn wir die schädlichen Gedanken durch bessere ersetzen, sterben sie auf natürliche Weise ab, wie Unkraut, das keine Nahrung mehr bekommt.

Solange wir Dinge für real halten, lenken wir unsere Energie auf sie. Wir hegen sie, wir nähren sie, wir halten sie am Leben; wir haben Vertrauen zu ihnen, ob es uns gefällt oder nicht. So entwickeln sie sich auf natürliche Weise weiter, weil das Gesetz des Wachstums beständig jeden Samen zur Entwicklung bringt, den wir gesät haben.

Ich erinnere mich an meine Studienzeit. Einige von uns waren zu einer Party mit Mutproben eingeladen. Es war wie eine verschworene Gemeinschaft. Wir sollten eingeweiht und mit einem Brandzeichen versehen werden. Als mein Kamerad an der Reihe war, sagten sie ihm, er solle sein Hemd ausziehen. Ihm wurden die Augen verbunden, und er sollte mit den Initialen des Ordens gezeichnet werden. Sie zeichneten ihn mit dem heißen Wachs einer brennenden Kerze. Sie wissen bestimmt, dass flüssiges Wachs, das von einer Kerze tropft, nicht brennt; zumindest hat es mich nie verbrannt. Aber mein Kamerad war so aufgeregt und nervös, er dachte, sie würden seinen Rücken tatsächlich mit einem heißen Bügeleisen verbrennen. Als wir in unsere Zimmer im Wohnheim zurückkehrten, sah ich auf seinem Rücken einen perfekten Buchstaben, als wäre er mit einem heißen Eisen eingebrannt worden. Man kann seine Gedanken einer formlosen Materie aufprägen und bewirken, dass eine Sache, an die man denkt, eintritt. Mein Freund glaubte, er habe das Zeichen eingebrannt bekommen, und er glaubte so intensiv daran, dass auf seiner Haut eine Beule wuchs, die zwei Tage bestehen blieb.

Der Mensch denkt ohne Unterlass. Er kann seine Gedanken verändern, aber er kann nicht aufhören zu denken. Diese Gedankenenergie fließt in ihm und durch ihn hindurch, wie die Luft, die wir atmen. Die Aufgabe des Menschen besteht darin, diese Gedankenenergie in konstruktive Ausdruckskanäle zu lenken. Es ist eine wissenschaftlich erwiesene Tatsache, dass keine Energie ohne Auswirkungen bleibt. Indem wir einfach nur denken, rufen wir ständig Wirkungen hervor. Diese Auswirkungen sind in unserem täglichen Leben erkennbar und nachweisbar.

Wenn unsere Gedanken ziellos und unfertig sind, verursachen wir für uns selbst Schmerzen und Verwirrung. Fehlgeleitete und unkontrollierte elektrische Energie führt zu einem Blitz, einer für uns außerordentlich destruktiven Auswirkung. Und doch kann diese Energie des Blitzes guten Zwecken dienen und nützlich sein. Wollen wir uns weiterentwickeln, so stellen wir uns zunächst eine Frage: Werden wir von unseren Gedanken kontrolliert oder kontrollieren wir unsere Gedanken? Nutzen wir unsere Gedanken zu unserem Vorteil oder werden wir von unseren Gedanken bestimmt und mit beständigem Verlust konfrontiert?

Jesus sagte: „Trachtet zuerst nach dem Reich Gottes, so wird euch alles zufallen.“ (Matth. 6, 33) Mit dem Reich ist eine Geisteshaltung gemeint, ein geordneter, disziplinierter, konstruktiver Denkzustand. Damit wir alles Gute erlangen können, müssen wir zuerst eine selbst beherrschte, geordnete, aufbauende Geisteshaltung erreichen. Haben Sie einen disziplinierten Verstand? Haben Sie irgendeine Sie beherrschende Veranlagung? Sind Sie emotional? Machen Sie Ihren Gefühlen Luft durch Ungeduld, Gereiztheit, Bosheit, Hass, Stolz, Neid, Einbildung, Lügen, Unehrlichkeit u. Ä.? Wenn eine der genannten Neigungen Ihre Gedanken kontrolliert, verzögert sie all das Gute, das Sie erreichen möchte. Was immer uns im Leben beherrscht, bringt uns in Abhängigkeit. All unsere Schwächen und Mängel lassen sich auf irgendeinen Einfluss zurückführen, der uns blendet und uns das vorenthält, was wir auf natürliche Weise erhalten würden, wenn wir innerlich dafür frei wären.

Der Mensch als Geschöpf der Natur ist mit der Macht ausgestattet, all diese Fehler und bösen Kräfte zu überwinden. Diese Macht verlässt uns nie. Wenn sie richtig angewandt wird, kann man jede Prüfung bestehen. Die Natur kennt keine unlösbaren Probleme, keine unüberwindlichen Schwierigkeiten. Ihr Wirken wird durch das Gesetz der Ordnung und Disziplin bestimmt. Dasselbe kann auch für den Menschen gelten, wenn er sich an der Natur ein Beispiel nimmt.

Doch beachten Sie zunächst, dass die Natur keine Risiken eingeht. Sie kennt kein „wenn“, „zwar“ und „aber“, ihre Kräfte arbeiten gesetzmäßig. Wenn ein Stein in die Luft geworfen wird, fällt er wieder zurück auf den Boden. Das Gesetz bestimmt das so. Unsere Gedanken werden mit der gleichen Exaktheit durch

Gesetze bestimmt. Unser Denken ist Quelle und Ursache der Umstände in unserem Leben. Also beginnen wir hier und jetzt damit, dass wir unsere Gedanken in Ordnung bringen und einer Selbstzucht unterwerfen, damit wir unsere Angelegenheiten in den Griff bekommen. Die Tatsache, dass jedes Problem in Wirklichkeit auf mentaler Ebene entsteht, ist ein weiterer Grund, warum wir unsere Gedanken kontrollieren und damit unser Leben regeln müssen.

Aber ist unser Problem mentaler Natur? Schauen wir uns das einmal an. Wenn wir Wohlstand erreichen wollen, stellen wir fest, dass dieser weder von einem Ort noch von einer Umgebung abhängig ist. Wenn es so wäre, wären alle Menschen einer Stadt reich und die Menschen in einer anderen Stadt wären arm. Wohlstand ist nicht das Ergebnis von Sparsamkeit oder Geiz. Viele geizige Menschen sind arm; viele, die freizügig ausgeben, sind reich. Wohlstand ist auch nicht an ein bestimmtes Geschäft gebunden, denn es gibt in einem Unternehmen sowohl Reiche als auch Arme. Wohlstand hat etwas mit der Vorstellungswelt eines Menschen zu tun, mit der Qualität und Art seiner Gedanken.

Betrachten wir nochmals die Natur. Wir sehen, dass sie jede Bewegung gut organisiert hat. Eine abgeschnittene Blume verwelkt und stirbt bald, weil ihr die Lebensquelle entzogen wurde. Wenn ein Hund vom Dach eines Stalls springt, schlägt er dumpf auf und erleidet Schmerzen für seine Handlung. Der Instinkt warnt ein Tier davor, die Natur auszunutzen. Brüllt der hungrige Löwe im Dschungel und schlägt wild um sich, um seine Beute zu finden? Den Löwen lehrt sein Instinkt, ruhig zu sein, seine Beute vorsichtig anzuschleichen, sich an sein Fressen heranzupirschen. Haben Sie jemals beobachtet, wie geduldig die Katze stundenlang auf eine Maus wartet? Das sind Beispiele für eine gezielte Verhaltensweise, die in jedem Tier instinktiv angelegt ist. Auch Menschen müssen sich nach solchen

Impulsen richten. Das ist die organisierte, zielgerichtete Methode. Eine unorganisierte Vorgehensweise wäre destruktiv und kontraproduktiv.

Man muss sich an den Erfolg oder an ein sich lohnendes Unternehmen heranpirschen, wie der Löwe, der sich an seine Beute heranpirscht. Man muss sich weiterentwickeln, um Erfolg zu haben, denn dieser fällt einem nicht zu. Nur seine Meinung laut herauszubrüllen oder herauszuschreien, ist nicht genug. Die Geldvögel fallen nicht vor Schreck vom Baum, sie fliegen wahrscheinlich eher weg. Wenn unsere Ideen organisiert sind, dann sind wir ihrer Herr. Das heißt, unsere Gedanken sind von uns so geformt, dass sie geschlossen wirken können. Unser Verstand muss in seinen Äußerungen kontrolliert sein, damit jeder Gedankenprozess geordnet abläuft.

Alle Handlungen sind das Ergebnis unseres Denkens. Dieses bestimmt die Umstände unseres Lebens. Und wenn wir uns bessere Lebensbedingungen wünschen, so müssen wir uns zuerst darum bemühen, unsere Gedanken zu organisieren. Wir wollen das Beste im Leben erreichen, ohne dass wir aber wissen, wie richtiges Denken funktioniert.

Der Durchschnittsmensch denkt willkürlich; er hat keine klare Struktur in seinem Verstand, der er seine Gedanken anpassen kann. Wenn er doch eine Struktur hat, dann richtet er seine täglichen Bemühungen nicht danach aus. Die Mehrheit seiner Gedanken ist außer Kontrolle, chaotisch und unorganisiert. Deshalb kommt es oft zu Enttäuschung und Misserfolgen, weil Unentschlossenheit ein guter Nährboden für sie ist.

Wir ziehen nur das an, was wir denken oder hervorbringen; das entspricht dem Gesetz des Denkens. Um erfolgreich zu sein, müssen wir so denken, so handeln, so werden. Um voranzukommen, müssen wir uns um inneres Wachstum bemühen. Um glücklich zu werden, müssen wir unser Leben dem Gesetz von Harmonie und Ordnung anpassen. Um über jegliche

Einschränkung hinauszuwachsen, müssen wir unser Denken in konstruktive Bahnen lenken. Wenn jemand einen Berg hinaufsteigen möchte, sitzt er nicht unten und betet zum lieben Gott, er möge ihn hinauftragen – in der Hoffnung, dass Gott ihn leibhaftig aufhebt und zur Spitze trägt oder ihm ein paar Flügel zum Fliegen verleiht. Der erste natürliche Schritt besteht darin, dass er seine Gedanken organisiert. Er beschließt die Ersteigung des Berges und beginnt mit dem Klettern. Er klettert kontinuierlich, die Augen immer auf die Spitze gerichtet. Vielleicht findet ein anderer einen besseren Weg, vielleicht macht er einen Umweg, fällt ein oder zwei Schritte zurück, vielleicht fällt er sogar hin. Möglicherweise muss er anhalten, sich ausruhen und wieder Kräfte tanken; aber wenn er seine Gedanken beieinander hält und sein Verlangen auf das Erreichen der Spitze konzentriert, wird er schließlich dort ankommen.

Eine Frau wollte ihr Haus veräußern. Sie konnte nicht verstehen, was die Sache verzögerte, denn sie hatte deswegen bereits einige Zeit gebetet, wie sie sagte. Ich fragte sie: „Was tun Sie, wie nutzen Sie die universellen Gesetze? Sagen Sie mir, was Sie gestern gemacht haben." Nun, zuerst hat sie für ihre Familie das Frühstück bereitet, danach die Kinder in die Schule gebracht. Anschließend verbringt sie, wie sie sagt, immer eine halbe Stunde in Stille und mit Lesen. Dann hätte Frau Jones angerufen, mit der sie länger geplaudert habe, doch nur über Belanglosigkeiten. Dann sei es an der Zeit gewesen, das Mittagessen vorzubereiten. Nach dem Essen habe ihr Nachbar sie gebeten, den Garten anzusehen, und dort habe sie über eine Stunde lang gestanden und sich mit ihm über den Zaun hinweg unterhalten. „Aber", fragte ich, „was haben Sie zwischendrin gemacht?" „Oh", antwortete sie, „was mir so ins Auge sprang, was zu erledigen war. Ich war den ganzen Tag über beschäftigt, doch irgendwie", fügte sie hinzu, „hat mir Hausarbeit noch nie Spaß gemacht." Was hat sie falsch gemacht?

Vor allen Dingen fehlte es ihr an Disziplin beim Denken, außer wenn andere es forderten. Ihr Ehemann erwartete es, die Schule erwartete es, deshalb machte sie das Frühstück und brachte die Kinder rechtzeitig zur Schule. „Sie haben keine Anstrengungen unternommen, das Haus zu verkaufen“, stellte ich fest. „Sie dachten, 30 Minuten der Stille würden reichen. Anstatt Ihre Zeit und Arbeit zu organisieren, haben Sie das gemacht, was sich so ergeben hat.“ Die Hausarbeit beherrschte sie, sie war nicht in der Lage, ihre Zeit oder ihre Arbeit zu beherrschen. Sie sah ein, dass es sich so verhielt. Sie ging nach Hause, und von da an plante sie jeden Tag ihre Arbeit gedanklich im Voraus. Sprach sie mit einem Freund oder Nachbarn, so nur für eine bestimmte Zeit, nicht unbegrenzt. Ihre Arbeit war jeden Tag geplant, so dass sie immer etwas erledigen konnte, um den Verkauf des Hauses vorzubereiten. Ein paar Wochen später erhielt ich einen Brief von ihr, in dem sie mir mitteilte, dass das Haus zu einem guten Preis verkauft worden sei. Und sie fügte hinzu: „Wissen Sie, mir macht meine Arbeit jetzt wirklich Spaß. Wenn der Tag zu Ende geht, habe ich so viel mehr erledigt und bin überhaupt nicht mehr so müde wie vorher. Ich bringe meinen Kindern jetzt bei, wie sie ihre Gedanken ordnen können.“

Machen Sie das, was sich gerade ergibt? Planen Sie Ihren Tag so, dass Sie im Hinblick auf Ihr Ziel, Ihre Ambition, ein klares Ergebnis vorweisen können?

Die eine Sorte Menschen bezeichnen wir als „ziellos“, die anderen als „Baumeister“. Der Chef einer Automobilfirma, deren Gesamtproduktion im letzten Jahr bei 76.000 Autos lag, investierte über 1,5 Millionen. Wie hat er das geschafft? Jeden Tag plante er seine Arbeit sorgfältig, so dass sein Unternehmen Schritt für Schritt disziplinierter und kooperativer wurde, bis alle an einem Strang zogen. Darauf befragt, sagte er, er habe immer mehr eingeplant, als die Arbeit erforderte, so dass er immer sicher war, er würde sein Ziel erreichen. Er handelte in Übereinstimmung mit dem Gesetz des geordneten Denkens, unabhängig davon, ob er sich dessen bewusst war.

Wenn wir irgendwelche Probleme haben, dann liegt es an der fehlenden Kontrolle unserer Vorstellungen. Die Natur hat keine Probleme, weil sie geordnet und diszipliniert ist. Selbstbeherrschung liegt in einer organisierten Gedankenrichtung, das heißt, wir beginnen mit einem gut definierten Ziel oder Zweck, denken beständig daran, nicht nur für 30 Minuten, planen unsere Zeit und Arbeit derart, dass unser Tag so ausgefüllt ist mit konstruktiven Aufgaben, dass es keinen Platz mehr für leeres Geschwätz oder sonstiges Überflüssiges gibt. Diese Entwicklung ermöglicht es uns, dass wir uns beständig nach oben in Richtung Erfolg bewegen. Wenn alle Dinge in Harmonie und Ordnung sind, gibt es für uns weder Probleme, die uns verwirren, noch irgendwelche verborgenen Geheimnisse. Wissen und Verständnis verdrängen Angst und Unwissenheit, und das, was unsichtbar war, wird sichtbar, Unbekanntes wird zu Wissen. Unsere Lebensumstände sind für uns kein Rätsel mehr, sondern ergeben sich als logische Folge des Gesetzes des Denkens. Wir sind das, was unsere Gedanken aus uns machen.

Wir ziehen nur das an, was wir denken oder in die Welt setzen.

Gedanken sind Dinge

Gedanken sind Dinge, des bin ich gewiss,
haben Körper, Odem und Schwingen.
Wir senden sie aus – sie bereichern die Welt
mit ihren Kindern, den guten wie schlimmen.

Unsre geheimsten Gedanken, sie eilen dahin
bis an die fernsten Enden der Welt,
und wo sie zogen, wächst Glück oder Sorg'
wie Spuren auf ihrer Bahn.

Wir bauen unsre Zukunft mit jedem Gedanken,
säen Gutes wie Übles und wissen es nicht,
doch so ist nun einmal der Welten Lauf.

Gedanke – ein andres Wort für Geschick.
So wähl nun dein Schicksal und harre sein,
denn Liebe schafft Liebe und Hass gebiert Hass.

Henry van Dyke

Das Gesetz der Fülle 3

„Bittet, so wird euch gegeben;
suchet, so werdet ihr finden;
klopfet an, so wird euch aufgetan.“
(Matthäus 7, 7)

DER MENSCH IST NIE ZUFRIEDEN. Diese Tatsache bedauern viele, doch es liegt niemals in GOTTES Plan, dass der Mensch sich auf Dauer einem trägen Befriedigtsein hingibt.

Das Gesetz des Seins ist immer währendes Wachstum, Fortschritt und Entwicklung; d.h., wenn etwas Gutes erreicht ist, entsteht der Wunsch nach etwas Größerem; und wenn ein höheres Stadium erreicht wurde, weitet sich des Menschen Blick, er erkennt eine noch höhere Entwicklungsstufe, und es drängt ihn weiter, immer weiter. Das wahre Leben also führt Stufe für Stufe aufwärts – es ist das Leben, wie Gott es für den Menschen vorgesehen hat.

Das Gesetz des Guten ist universell; schließlich suchen wir doch alle etwas GUTES, ganz gleich in welcher Form. Nach Erkenntnis der Wissenschaft wie auch der Logik birgt das Universum die erforderlichen Grundstoffe für alles Gute, was sich der Mensch nur vorstellen kann. Er hat ein Anrecht auf ausreichende und stetig wachsende Versorgung mit allem Guten, was er braucht oder sich wünscht. Wir glauben deshalb, dass des Menschen Streben nach Befriedigung all seiner reinen Wünsche und Sehnsüchte richtig und gut sei.

Hier ist der Schlüssel für das Gesetz, wie Jesus es uns gab: „Alles was ihr bittet in eurem Gebet, glaubet nur, dass ihr's empfangen werdet, so wird's euch werden.“ (Mark. 11, 24) Jeder Mensch nutzt dieses Gesetz, zumindest teilweise, sei es nun bewusst oder unbewusst. Es wirkt überall und in jeder Lebenslage. Wir alle ziehen täglich die Dinge an uns heran, die wir uns am meisten wünschen und erhoffen. Und ob wir nun gute oder schlechte Dinge anziehen, das Prinzip, das sich dabei auswirkt, ist dasselbe. Da wir jedoch mehr von den guten Dingen im Leben haben wollen und weniger von den schlechten, ist es notwendig, dass wir das Gesetz besser verstehen, damit wir unser Denken besser daran anpassen können. Damit sichern wir uns einen größeren Nutzen, der sich aus einer bewussten und gezielten Anwendung seiner Kraft ergibt.

Wir versichern immer wieder, dass Gott es ist, der uns mit allem Nötigen versorgt, und wenn wir einen Augenblick darüber nachdenken und alles, was wir empfangen, bis an seinen Ursprung zurückverfolgen, dann bestätigt sich die Richtigkeit dieser Aussage. Manche können nur schwer den Schöpfer anstatt eine Kreatur als den Ausgangspunkt alles Stofflichen ansehen. Wir glauben nicht WIRKLICH, dass Gott der Ursprung alles Stofflichen ist. Wir versuchen es zwar und können es theoretisch akzeptieren, aber es bleibt eine Unsicherheit. Für manche ist es schwer, an etwas zu glauben, was sie nicht sehen. Der Glaube an etwas, das man sieht, ist so viel einfacher. Wenn wir nun also Fülle um uns herum sehen können, sind wir bereit, an sie zu glauben und sie zu genießen. Später jedoch, wenn wir an die Fülle des Guten glauben können, werden wir sie sehen. Somit stellen wir uns zunächst die Frage: Was kommt als Erstes – das Sehen oder der Glaube? Wenn wir die Fakten betrachten, werden wir erkennen, dass Letzteres zuerst kommt und dass das Gesetz auf unserem Glauben beruht, der wiederum unsere Sicht bestimmt.

Früher glaubten die Menschen an Zauberei. Sie glaubten, dass materielle Dinge einfach so aus der Leere heraus entstehen können. Sie glaubten auch, dass Dinge sich in Leere auflösen können. Die Wissenschaft hat diese Vorstellung längst widerlegt und bewiesen, dass eine solche Zauberei unmöglich ist, es sei denn, es handelt sich um einen Kunstgriff der Chemie, einen Taschenspielertrick oder eine optische Illusion. Ein NICHTS kann nicht zu ETWAS werden, genauso wenig, wie ETWAS zu NICHTS werden kann. Stoffliches kann auf millionenfache Weise umgeformt, umgewandelt oder verändert, doch niemals zerstört werden. Wenn man z. B. eine Eichel in den Boden pflanzt, wächst daraus ein Baum. Jedes Jahr hat der Baum im Frühling Blätter, die er im Herbst wieder verliert. Die Blätter fallen auf die Erde und werden Bestandteil des fruchtbaren Bodens. Der Baum lebt 100 Jahre, stirbt, fällt auf die Erde und vermodert.

Das vermoderte Holz wird langsam zu Erde, verfestigt und verwandelt sich in Torf und Kohle. Die Kohle wird abgebaut und in die Häuser als Brennstoff geliefert.

Dort wird sie im Feuer zu Asche verbrannt, und die dabei freigesetzten Wärmeeinheiten werden zum Beheizen der Wohnung genutzt. Die Asche wird wieder der Erde zugeführt, wodurch diese Nahrung erhält, welche schließlich einem neuen Samen nützt, der wächst und nach einiger Zeit zu einem neuen großen Baum wird.

Wenn wir den Kreislauf des Holzes verfolgen, sehen wir, dass es sich in seiner Beschaffenheit immer wieder verändert: Es gibt Gase ab, dann Wärmeeinheiten und verschiedene Chemikalien. Wenn die Möglichkeit für eine genaue Untersuchung bestünde, so würden wir feststellen, dass nicht der kleinste Teil verloren gegangen ist. Der gesamte Bestand, den es gab, ist immer noch vorhanden und wird es immer bleiben, weil niemals etwas verschwendet wird oder verloren geht. Es kann niemals ein Versorgungsdefizit geben.

Dass manche Menschen den Überfluss um sie herum nicht sehen und die Fülle nicht genießen, beweist, dass sie das Gesetz weder verstehen noch anwenden. In ihrer Blindheit behaupten sie, es gebe keine Fülle, und soweit es sie betrifft, haben sie vielleicht sogar Recht. Aber wenn sie lernen, mit ihrem mentalen Auge zu sehen, werden sie es besser begreifen.

Es gibt eine Gesetzmäßigkeit, die als ANGEBOT und NACHFRAGE bekannt ist, die man in jedem Bereich des Lebens finden kann. Vor Jahren machte Thomas Edison davon Gebrauch, als er die erste elektrische Glühlampe erfand. Als seine Karbonlampe als neue und allen damals bekannten Methoden weit überlegene Beleuchtungsart eingeführt wurde, haben die Menschen sie da bereitwillig angenommen? Viele fanden sie lächerlich und zu teuer. Sie benutzten Kerzen, Öllampen und in geringem Umfang auch Gaslampen. Dieses Licht sei bei weitem gut genug, meinten sie. Deshalb verging erst einige Zeit, bis die Menschen die Vorteile der Elektrizität gegenüber den alten Methoden der Erzeugung von Licht, Wärme und Kraft erkannten. Erst als sie von den Vorteilen dieser neuen Kraft überzeugt waren, investierten sie in ihre Zukunft, bauten Elektrizitätswerke und errichteten Maste und Stromleitungen in der ganzen Stadt zu den Fabriken und Häusern hin.

Wie erreichte man das? Als es einen Bedarf an Elektroenergie gab, war sie verfügbar. Und woher kam sie? Aus der Erde, der Luft, aus Wasserkraft, Dampfkraft, Gas, Öl und tausendundeiner anderen Quelle. Sie kommt direkt aus der Natur, die in weiser Voraussicht diese Rohstoffe in der Erde anlegte.

Einst galten unsere Vorfahren als vornehm, wenn sie in der Postkutsche, Droschke oder Pferdekutsche fuhren. Es ist noch nicht lange her, dass jemand zum Stadtgespräch wurde, wenn er ein schnelles Pferdegespann und eine gummibereifte Viktoria oder ein Gig (zweirädriger offener Einspänner) hatte. Wo sind sie heute? Fort und fast vergessen. Das Auto hat sie ersetzt. Wie ist das alles passiert? Als die Menschen einen Bedarf an Transportmitteln mit größerer Geschwindigkeit, besserem Komfort und Luxus hatten, erstand aus dem Bedarf die Idee für die Herstellung eines Wagens, der nicht von Pferden gezogen werden musste. Man arbeitete an dem Plan, entwickelte ihn langsam und brachte der Öffentlichkeit allmählich bei, die moderne Form des Transports zu akzeptieren. Ein herausragender Mensch träumte von einer auf Rädern rollenden Welt und stellte ein Auto her, das auch der arme Mann sich leisten konnte. Heute ist das Auto ein so bedeutender Faktor im Leben der Menschen, dass wir uns wundern, wie wir jemals ohne eines auskommen konnten. Sie sehen, immer, wenn jemand etwas Bestimmtes im Leben benötigte, kam ihm zuerst einmal die Idee. Er war beseelt davon, diese Idee zu entwickeln und sie dann zu verwirklichen, indem er ein Stück Schlamm oder Metall in eine brauchbare Form umwandelte.

Warum haben sich die Menschen so lange mit Pferd und Kutsche begnügt und nicht nach einem Auto verlangt? Weil ihre Vorstellungskraft noch fehlte. Ihr Verstand war nicht dafür ausgebildet, solche Dinge zu fordern. Waren die Voraussetzungen schon immer gegeben, eine solche Maschine zu bauen? Die Voraussetzungen waren damals dieselben wie heute, ja es sind dieselben wie ganz zu Beginn. Folglich war es nicht Gottes Schuld, dass die Menschen erst so spät das Bedürfnis nach einem Auto entwickelten. Es lag am Menschen, dass er dieses Bedürfnis nicht eher erkannte. Wenn es keine Nachfrage gibt, wird auch nicht erkennbar, dass Möglichkeiten vorhanden wären. Unsere Eltern, die ein Pferd-und-Wagen-Bewusstsein hatten, konnten die neuen Transportmittel erst anziehen, als sich ihr Vorstellungsvermögen so erweitert hatte, dass sie erkennen konnten, wie notwendig das Automobil für sie war.

Das Geheimnis des Gesetzes liegt im Bewusstsein des Einzelnen. Das Leben eines Menschen besteht nicht aus der Fülle der Dinge, die er besitzt, sondern aus dem Bewusstsein darüber, was er besitzt. Dem Menschen gehört die ganze Welt mit all ihrem Reichtum, aber er kann nur das genießen, was sein Bewusstsein ihn wahrnehmen lässt.

Irgendwo las ich eine Geschichte über einen Mann, der außerhalb von Pittsburgh wohnte und eine Farm und Molkerei betrieb. Er arbeitete tagaus tagein hart, um für sich und seine Familie ein kleines Einkommen zu erwirtschaften. Eines Tages liefen mehrere Männer, die ein Stück angrenzendes Land vermessen hatten, über sein Weideland. Als sie einen Bach überquerten, der durch das Feld floss, sah der Farmer, dass sie stehen blieben, sich bückten und den Schlamm und Schaum untersuchten, der sich an dem primitiven Steg, den er hier errichtet hatte, sammelte. Ein Mann hatte etwas Wasser in seine Hand geschöpft und offensichtlich davon getrunken. Ein anderer füllte etwas Wasser in eine Feldflasche, die er an seinem Gürtel befestigt hatte. Der Farmer war verwundert und fragte sich, warum jemand daran interessiert sein sollte; selbst das Vieh fand keinen Geschmack daran, es schob immer den Schaum beiseite, um das klare Wasser zu trinken.

Einige Wochen später rief ihn jemand an und bot ihm einen sagenhaften Preis für die Farm. Dieser Mann muss verrückt sein, dachte er. Er würde seine Investition durch Bearbeitung dieses Bodens nie zurückbekommen, hatte er selbst es nicht seit Jahren versucht? Er war erfreut über die Aussicht, so viel Geld zu bekommen und verkaufte bereitwillig die Farm. Er zog nach Kanada in die Nähe seines Bruders und kaufte eine neue Farm. Schon bald danach jedoch wurden auf dem Feld seiner alten Farm ein paar komische neumodische Apparate aufgestellt, und so schnell wie ein Buschfeuer verbreitete sich die Nachricht, dass man Öl gefunden hatte. In wenigen Jahren erwirtschafteten die Besitzer dieser Farm, die nicht einmal 40 ha groß war, durch das Öl Millionen von Euro. Der Farmer blieb arm und arbeitete hart, weil er nur wusste, wie man den Boden pflügt, nicht jedoch, wie man in die Tiefe geht. Die Natur hatte den Mann reich beschenkt, aber er konnte nur einen geringen Teil davon wahrnehmen. Er konnte die Farm nur als steiniges und schmutziges Stück Land sehen. Es ist nicht die Schuld des Gesetzes, dass der Mann arm war und so hart für seinen Lebensunterhalt arbeiten musste. Der Mensch wird immer arm sein, solange er vom Leben nur einen mageren Lebensunterhalt fordert und in ihm nur Kampf, Mühe, Elend und Beschränkung sieht.

Wir sollten uns auf keinen Fall deswegen quälen und Sorgen machen, wie wir unseren Bedarf befriedigen können oder woher der nächste Euro kommen wird. Kümmernis und Sorgen tragen dazu bei, dass die laufende Versorgung ins Stocken gerät und der Fluss von Gaben zum Stillstand kommt, unabhängig davon, ob dieser Fluss mager oder üppig ist. Anstatt dass sie uns aus der Beschränkung herausheben, unsere Umstände verbessern oder unsere Versorgung erhöhen, drücken diese Gefühle uns in die Agonie von Zweifel und Furcht hinab. Anstatt dass wir eine Verbesserung erwarten, werden wir angespannt und besorgt, was unsere Furcht erhöht und uns immer noch weniger empfangen lässt. Statt dass wir uns in unserem Denken versteifen, müssen wir uns entspannen und innerlich weiter werden. Wir müssen unserem Verstand einen umfangreicheren Denkradius beibringen. Wenn wir die Fülle wahrnehmen und in diesen Kategorien denken, wird uns auch in verstärktem Maße Fülle erreichen. Das heißt nicht, dass es dem Ingenieur beschieden ist, reich zu sein, während der Farmer arm bleiben muss. Es gibt arme Ingenieure und reiche Farmer. Nicht der Beruf bestimmt, ob man reich ist, sondern die Erwartungen, die wir an unseren Beruf stellen. Da wir über das hinaus, was wir bereits haben, eine größere Fülle wahrnehmen und gedanklich erfassen können, werden wir nicht nur unser Denken erweitern, sondern auch mehr erhalten können. Das ist das Grundprinzip des Gesetzes.

Der Magnet hat sich nicht selbst aufgeladen, er musste von jemandem, der diesen Vorgang beherrscht, mit Elektroenergie geladen werden. Ein Magnet in der Hand eines Unkundigen verändert sich kaum, in der Obhut eines ausgebildeten Ingenieurs kann er jedoch eine starke Anziehungskraft erhalten und viel Gutes bewirken. Ebenso kann der magnetisch wirkende Geist eines Menschen lernen, eine starke Anziehungskraft zu entfalten, sofern ihn jemand, der das Gesetz voll erfasst hat, anfänglich dabei unterstützt. Natürlich kann der Geistesmagnet mit aufbauenden Gedanken geladen werden, aber es wird einige Zeit dauern, bis diese ihre Wirkung entfalten. Außerdem kann der Lernende, der wenig Ausdauer hat, schnell entmutigt werden, noch ehe die Arbeit erfolgreich beendet ist. Ich plädiere immer dafür, dass ein guter Start – wenn möglich durch Unterstützung – besser ist als der schwerere und mühsamere Weg der Selbsterziehung. Wenn der Lernende weiß, dass das Gesetz tatsächlich wirkt, dann kann er in seiner Entwicklung und seinem Beruf schneller vorankommen.

Alle Armut in der Welt ergibt sich aus einem Armutsbewusstsein, ob es nun kollektiv oder individuell ist. Warum leiden Millionen von Menschen unter Mangel und warum verhungern in Indien jedes Jahr weitere Millionen? Ich habe gehört, dass viele von ihnen niemals in ihrem ganzen Leben eine volle Mahlzeit bekommen haben. Bestimmt liegt es nicht daran, dass die Natur den Bedarf eines so großen Volkes unterschätzt hat. Bestimmt liegt es nicht daran, dass nicht genug Nahrungsmittel vorhanden wären. Es liegt daran, dass sich die Vision dieses Volkes auf eine solche Armut beschränkte.

Fragen Sie den Farmer nach seiner Ernte. Er wird Ihnen sagen, dass sein Problem nicht der Mangel ist, sondern das Überangebot. Fragen Sie den Bergmann, egal, ob er Gold, Silber, Diamanten, Kohle oder Eisen abbaut, er wird Ihnen sagen, dass das Angebot viel größer ist als die Nachfrage. Fragen Sie den Wissenschaftler, und er wird Ihnen sagen, dass es Nahrung im Überfluss gibt. Es gibt mehr Nahrung in der Luft, als wir verbrauchen könnten – sie wurde bisher nur noch nicht entdeckt. In einem einzigen Wassertropfen, einem Stück Zucker ist mehr Energie gespeichert, als der Mensch gegenwärtig erkennen kann. Das Angebot ist größer als die Nachfrage, und die Nachfrage wird durch das Denken des Menschen bestimmt.

Die meisten von uns behaupten, unsere Anziehungskraft sei zu schwach, um den Anforderungen gerecht zu werden. Unser Geist ist wie ein Magnet, der ähnlich Geartetes anzieht. Die Anziehungskraft eines Magneten ist immer abhängig von seiner Stärke. Unser geistiger Magnet verliert außerordentlich an Stärke durch Sorgen und Ängste, und so reduziert sich auch der Zufluss an Gutem immer mehr. Wenn unsere geistige Kraft allzu geschwächt ist, kann sogar das bisschen Gute zurückgewiesen werden, das uns erreichen will. So, wie man einen Magneten mit Energie aufladen kann, um seine Magnetkraft zu erzeugen, kann unser Geist mit geistiger Energie gestärkt werden, die seine Anziehungskraft erhöht.

Auch wir müssen dem Gesetz der Natur folgen. Die Natur baut niemals abwärts, sondern alles strebt nach oben. Um Wohlstand zu erreichen, können wir, ebenso wie die Natur, keine Zauberei oder Wunder vollbringen. Wir können Gesundheit, Glück oder Geld nicht einfach aus dem Nichts hervorbringen. Die Natur zeigt uns, wie wir viel oder wenig an vorhandener Grundsubstanz in ein verwertbares Material verwandeln können. Die verfügbare Substanz sind unsere Gedanken, und es geht darum, unseren Verstand mit AUFBAUENDEN Gedanken aufzuladen. Wollen wir es machen wie die Natur, so müssen unsere Gedanken nach oben streben, wenn wir etwas Gutes bewirken wollen. Wenn z. B. eine Drohne in einem Bienenstock beschlossen hat, auf ihren Brüdern zu liegen und nur halbe Arbeit zu leisten, wäre Mutter Natur damit einverstanden und würde sie der betreffenden Biene eine Teilzeitarbeit anbieten? Nein, das würde sie nicht tun. Sie würde die anderen Bienen, die schwer arbeiten, um den Honig zu sammeln und den Bienenkorb zu füllen, dazu veranlassen, ihre Soldaten auf die Drohne zu jagen. Sie wird höflich nach draußen gebeten und zu Tode gestochen. Die Natur zerstört eine faule Biene.

Wenn uns Gedanken kommen, die nicht ganz energiegeladen oder nicht vollkommen positiv sind, dann müssen wir sie, dem Beispiel der Natur folgend und damit dem Gesetz entsprechend, vernichten. Wir können uns nicht mit Halbwahrheiten oder faulen Gedanken abfinden, ohne unsere Anziehungskraft und Aufnahmefähigkeit zu schwächen. Dies ist genau der richtige Moment für eine Bestandsaufnahme. Wir sollten unsere Gedanken sorgfältig sieben und auf diese Weise eine Trennung der starken Gedanken von den „Drohnen-Gedanken" herbeiführen. Die Drohnen müssen vertrieben und zerstört werden, indem wir uns weigern, sie noch länger zu dulden. Dann gilt es, jeden Gedanken gut zu bewachen, damit sich nicht ein schwacher Gedanke unbemerkt einschleicht, der den anderen, die versuchen, etwas Gutes zu vollbringen, Schaden zufügen könnte.

Eines Tages im Spätherbst kam ein Mann zu mir und schilderte mir seine Ängste in Bezug auf seine Arbeit. Er war seit vielen Jahren in einem Hotel angestellt, das zum ersten Mal eine schlechte Saison erlebt hatte. Er sagte, es gebe Gerüchte, dass das Management das Haus bis zum Frühjahr schließen und die Beschäftigten für diesen Zeitraum entlassen wolle. „Ich vermute, diese Leute wissen, dass es eine Schließung geben wird, sie sind gerade im Büro des Hotelmanagers. Was denken Sie, kann ich in dieser Angelegenheit tun?" „Es gibt nur eines, was Sie machen können", antwortete ich. „Gehen Sie zurück an Ihre Arbeit und erkennen Sie das Gesetz. Wenn das Gesetz Ihre Versorgung und Ihre Position bestimmt, dann kann niemand außer dem Gesetz das für Sie ändern. Wenn Sie das erkennen und ständig im Auge behalten, werde ich Ihnen helfen, dass das Gesetz weiter für Sie arbeitet. Wenn das Gesetz etwas anderes für Sie bereithält, dann wird sich eine Tür öffnen, bevor sich diese schließt. Gehen Sie zurück an Ihre Arbeit und schenken Sie den Gerüchten keine Beachtung. Überlassen Sie die

Sorgen und Ängste den anderen und lassen Sie sich nicht von ihnen beeinflussen. Beweisen Sie Ihren Glauben oder Ihr Vertrauen in das Gesetz dadurch, dass Sie von der Vorstellung ausgehen, ein weiteres Jahr auf deren Gehaltsliste zu stehen. Seien Sie darauf vorbereitet, Ihre Arbeit weiterzumachen und stellen Sie sich darauf ein, dass Sie noch mehr und Besseres zu tun haben werden."

Er ging zurück und tat, was ihm gesagt worden war. Als die Gerüchte sich bewahrheiteten, hielt er an der Vorstellung von mehr Arbeit und umfangreicheren Aufgaben fest. So wurde er während der Flaute im Dienst behalten. Er wurde im Büro beschäftigt und sollte helfen, das Geschäft anzukurbeln. Aufgrund der Mehrarbeit und der höheren Verantwortung, die er übernommen hatte, erhielt er eine Gehaltserhöhung. Wenn ihm erlaubt gewesen wäre, sich auf die sorgenvollen Gedanken über Verlust und Mangel einzulassen, dann hätte er mit denen gelitten, die entlassen wurden. So will es das Gesetz, und das Gesetz handelt ohne Ansehen der Person. Wenn er zugelassen hätte, dass seine Gedanken durch die Beschäftigung mit dem Mangel dauerhaft verdorben werden, hätte er seinen geistigen Magneten geschwächt. Er hätte nicht mehr als das anziehen können, wofür sein Geist empfänglich war. Es kommt nicht darauf an, wie viel oder wie laut wir beten, unsere Gebete können nur erhört werden, wenn wir mit dem Gesetz arbeiten. Das Gesetz dient uns in dem Maße, wie wir ihm dienen.

Robert Collier berichtet in einem seiner Bücher über einen Vorfall, der sich in Chicago ereignete. Ein junger Mann wurde im Fahrstuhl eines großen Geschäftshauses gefragt: „Was ist Ihre Religion?" Zur Überraschung der anderen antwortete er sofort, dass seine Religion „Sears, Roebuck & Company" sei. Dieser junge Mann ist heute einer der Führungskräfte eben dieses Unternehmens. Warum? Er befand sich im Einklang mit dem Gesetz des Angebots, und zwar dergestalt, dass er ganz und gar im Sinne seiner Ziele dachte. Der Erfolg der Firma war auch sein persönlicher Erfolg. Sein gezieltes Interesse ermöglichte es ihm, Teil des Unternehmens zu werden. Heute hat er einen edlen Bürosessel, ein großzügiges Büro und ein sehr gutes Gehalt. Wenn es Ihrem Bedürfnis entspricht, gut versorgt zu sein, dann ist das auch Ihre Religion. Wie bei dem jungen Mann muss Ihr einziger Gedanke dem Überfluss gelten. Da Überfluss und Angebot dasselbe sind, muss – wenn Sie im Einklang mit dem Gesetz stehen wollen – all Ihr Denken, Reden und Tun diese Fülle widerspiegeln. Beschäftigen Sie sich in Gedanken so sehr mit den Vorstellungen von Fülle, dass alle Drohnen-Gedanken über Mangel und Verlust zerstört werden.

Achten Sie darauf, Geld nicht mit Fülle zu verwechseln. Geld ist nur eine der zahlreichen Erscheinungsformen der Fülle. Geld ist nicht die Wurzel des Bösen, dies ist der Hang nach Geld. Wenn Sie sich jedoch nur auf Geld konzentrieren und Sie es um jeden Preis bekommen und horten wollen, so zwingen Sie das Gesetz, anderes Gut auszuschließen. Konzentrieren Sie sich nur auf einen Teil anstatt auf das Ganze, dann bekommen Sie nur einen kleinen Teil davon. Konzentrieren Sie sich aber auf das Ganze, dann genießen Sie all seine Bestandteile. Wenn Sie Geld lieben und das Gesetz nur für die Anhäufung von Reichtümern nutzen, können Sie reich werden, aber Sie werden gleichzeitig so viel mehr Gutes verlieren, dass Ihr Leben ziemlich leer und einsam wird. Ich kannte einen Mann, der schon früh in seinem Leben beschlossen hatte, sich auf die Anhäufung von Geld zu konzentrieren. Er erreichte sein Ziel und wurde eine einflussreiche Persönlichkeit in seiner Stadt. Bevor er starb, vertraute er einem Freund Folgendes an: „Ich habe alles getan, was ich konnte, dass ich reich würde; ich habe Reichtümer erworben, aber ich verlor die Liebe und Gesellschaft meiner Frau sowie die Freude, unseren Kindern ein Vater zu sein. Ich verlor meine Gesundheit und gebe nun meinen Reichtum dafür aus, dass ich wieder gesund werde, aber irgendwie funktioniert das nicht. Ja, ich habe gelernt, wie man reich wird, aber ich habe niemals gelernt, wie man lebt."

Wenn wir das Gesetz lieben und es nutzen, damit wir in Fülle leben, so können wir uns jeden Wunsch erfüllen, wenn wir weisen Gebrauch davon machen. Wir werden lernen, gesund, frei und weise zu leben, und es wird keine Verluste geben. Unser Leben wird vollkommen sein, so wie Gott, das Gesetz, es vorgesehen hat.

Es gibt vermutlich viele unter Ihnen, die sich bemühen, dieses wahre Gedankengut aufzunehmen und danach zu leben. Sie haben mit Ernsthaftigkeit Gedanken zum Thema Fülle in sich bewegt, ihnen zugestimmt und sie bekräftigt, doch irgendwie ist die Fülle nur sehr spärlich oder gar nicht in Ihr Leben eingetreten. Das mag größtenteils daran liegen, dass Ihre Sinneseindrücke noch so stark sind, dass Ihr Verstand sie kaum in den Griff bekommen kann. Sie müssen erst sehen, ehe Sie glauben können, d. h. Sie sind so daran gewöhnt, so viel Fülle oder Geld zu sehen, dass Sie trotz Ihrer anders lautenden Aussagen mehr daran glauben, was Sie sehen, als daran, woran Sie denken. Sie müssen als Erstes Ihre Sinne lehren, dass sie sich von denjenigen Gedanken führen lassen, die das Gesetz Ihrem Denken nahe legt.

Florence Shinn schildert das deutlich in ihrem Buch „The Game of Life" (Das Spiel des Lebens). Sie erzählt von einem Mann, der nach einer neuen Position suchte, und, weil er nur einen begrenzten Geldbetrag zur Verfügung hatte, sich überlegte, ob er sich einen neuen Mantel kaufen oder das Geld lieber beieinander halten solle für den Fall, dass er lange nach einer Anstellung suchen müsste. Ihm wurde geraten, den Mantel zu kaufen, und es war ein teurer Pelzmantel. Sein Kontostand wurde dadurch beträchtlich reduziert, aber sein Selbstvertrauen und sein Glauben waren in einem solchen Maße gestiegen, dass sein potentieller Arbeitgeber seine Stimmungslage wahrnahm und ihm eine hervorragende Stellung gab.

Dank des Mantels hatte er das Gefühl, reich zu sein, und seine Unternehmung stärkte seinen Mut und sein Vertrauen. Das war für das Gesetz der Auslöser zur Erfüllung seines Bedürfnisses. Wenn eine solche Situation entsteht, dass sich jemand besser fühlt, wenn er einen sichtbaren Beweis des Wohlstandes sieht, dann empfiehlt sich eine Handlungsweise, die dem Betreffenden dabei hilft, dass er den Wohlstand herbeizieht. Will man für seinen Wohlstand arbeiten, so ist es sicher wenig hilfreich, wenn man einen Stapel Rechnungen vor sich liegen sieht oder sich in einer beengenden und elenden Umgebung befindet. Es ist besser, wenn man sich von einem solchen Anblick befreit und sich dahin begibt, wo der optische Eindruck mehr mit dem Wunsch des Geistes übereinstimmt. Wenn ich für den Wohlstand von mir oder anderen arbeiten möchte, halte ich mich möglichst in einer Umgebung auf, wo es Überfluss und Schönheit gibt und wo die Menschen um mich herum keiner Notlage ausgesetzt sind.

Daraus folgt, dass man beständig jegliches Gute, das man sich wirklich wünscht, in sein Leben ziehen kann, weil es der „Wille" Gottes ist, dass man all das Gute genießen soll, das Glück und Fortschritt fördern wird. Jeder Wunsch ist ein Ausdruck unseres Wollens. Wenn man aber etwas Gutes erwartet, so kommt die Erwartungshaltung einem Einfordern des Guten gleich. Beides – der Wunsch wie die Erwartung – ist somit notwendig, damit etwas angezogen werden kann. Streben Sie deshalb danach, Ihre Wünsche dem Plan Gottes, des Gesetzes, anzupassen und erwarten Sie dann, dass alles Gute zu Ihnen kommen kann – und zwar einzig und allein *das Gute*, etwas anderes kann Sie nicht erreichen.

Überfluss an allen benötigten Dingen ist das natürliche Erbe jedes Mannes, jeder Frau und jedes Kindes. Das ist eine grundlegende Wahrheit. Es ist falsch, wenn jemand in Armut lebt, während jede Menge für alle da ist. Es ist falsch, wenn irgendein Mitglied der menschlichen Rasse riesigen Reichtum auf Kosten seiner Mitmenschen anhäuft; falsch, wenn jemand unter Bedingungen von Krieg und Chaos lebt, wenn Frieden herrschen könnte; falsch, wenn die Starken die Schwachen ausnutzen; falsch, wenn jemand Mangel an irgendeinem Gut hat, das notwendig wäre, damit Wohlstand und Glück des Einzelnen gefördert wird.

Was auch immer der Zufriedenheit, der Harmonie, dem Wachstum und der Entwicklung abträglich ist, ist nicht normal. Die Natur hatte ursprünglich beabsichtigt, dass die wirklichen Bedürfnisse des Menschen ausreichend befriedigt werden; weniger die oberflächlichen Wünsche, die oftmals Impulse sind, sondern die normalen konkreten Bedürfnisse des Einzelnen, die großzügig befriedigt werden könnten, würde der Mensch in besserem Einklang mit dem grundlegenden Gesetz der Fülle leben.

Die Natur ist ein immer währender Spender von Segnungen, die sie der Menschheit großzügig gewährt, wobei alles, was von ihr kommt, einem guten und nützlichen Zweck dient. Jeder Mensch hat deshalb das natürliche Recht auf ein volles Angebot an all den Dingen, die er verwenden oder genießen kann. Dadurch aber, dass dem Menschen künstliche Hilfsmittel an die Hand gegeben wurden, deren er sich zur Erlangung der gewünschten Dinge gelernt hatte zu bedienen und von denen er abhängig wurde, hat er den Blick für die grundlegende Wahrheit verloren, auf der dieses Kapitel basiert. Wir müssen als Erstes begreifen, dass die materielle Welt, in der wir leben, eine Sphäre von Wirkungen ist und dass hinter diesen Wirkungen eine Welt von Ursachen liegt. Dann müssen wir erkennen, dass wir nur deshalb eine bestimmte Wirkung ersehnen, weil dieses bestimmte „Gute“ bereits in der Sphäre der Ursachen existiert. Dann sollten wir erkennen, dass wenn wir eine bestimmte Wirkung erreichen möchten, sich dieser Wunsch auf eine dahinter stehende Ursache zurückführen lässt.

Das ist das Prinzip, auf dem unsere Definition vom Gesetz des Angebotes basiert, und wenn Sie lernen, wie Sie es in der richtigen Art und Weise handhaben, werden Sie immer mehr Gutes in Ihr Leben einbringen können, in welcher Form auch immer Sie es brauchen oder wünschen. Überall auf der Welt wirkt ein allmächtiges Prinzip des Guten. Wir berühren es auf vielfältige Art und Weise. Jeder gute Gedanke ist ein Samen, der Gutes hervorbringt. Sie haben einen Anspruch auf all das Gute, das Sie verwenden und nutzen können, und je mehr Gutes Sie erkennen und genießen, desto mehr leben Sie in wahrem Einklang mit der Zielsetzung dieses immer vorhandenen Geistes der Tugend. Lernen Sie zu verstehen, wie man die Quelle der Fülle erschließt, denn es gibt keine Grenzen für das Gute, das Sie in Ihrem Leben fördern und genießen können.

In Wahrheit verkörpert der Mensch jedes Gesetz der Natur bezogen auf seinen höchsten Wohlstand und planmäßiges Wachstum. Er ist somit niemals von den guten Dingen abgeschnitten, die er möglicherweise für die Förderung seines Glückes und seines Fortschrittes benötigt. Ob er aber das, was er braucht, bekommen wird, hängt vor allem davon ab, wie er seine Intelligenz und Kraft nutzt, die ihm geschenkt wurden. Je mehr wahres Wissen der Mensch erwirbt und je mehr er seine Kräfte in aufbauendem Sinne nutzt, desto mehr Gutes wird er in seinem Wirkungskreis, in seiner eigenen kleinen Welt schaffen.

Das gelobte Land

Nie mehr wird mein Suchen in ferne Himmel fliegen
nach meines Vaters liebevollen Gaben,
da hier auf Erden Seine Schätze liegen
und all die Seinen hier ein Königreich geschaffen haben.

Nie mehr werde ich im Dunste dessen, was mir unbekannt,
suchen nach dem gelobten Land.
Denn die Zeit ist Seines Thrones Fußbank,
und ich bin in Seiner Hand.

Reichtum, weit mehr wert als feines Gold,
ist da, sobald ich nur darum bitte;
ungeahnte Weisheit, unbeschreiblich' Kraft so hold
strömt für jedes Los in meine Mitte.

Die Pforten Seines Himmels liegen vor meinen Augen hier;
ihr Schlüssel liegt in meiner Hand.
Nie mehr wird in ferne Himmel schweifen meine Gier.
Denn hier auf Erden lieget das gelobte Land.

Alva Romanes

4 *Das Gesetz der Anziehung*

„Wer etwas wünscht, erwartet es,
wer etwas erwartet, erreicht es."

Das Gesetz, welches der Fülle in der Welt zugrunde liegt und diese steuert, wird aus zwei wichtigen Teilen gebildet: dem „Wunsch" und der „Erwartung". Diese geistigen Haltungen weisen der Anziehungskraft den Weg, wobei Erstere dem aktiv handelnden, Letztere dem passiv empfangenden Teil entspricht. Sollen die bestmöglichen Ergebnisse erzielt werden, muss beides Berücksichtigung finden.

Der erste Teil – das Wünschen – umfasst einen aktiven Prozess der Anziehung, d. h., wenn sich jemand ernsthaft nach etwas sehnt, geht von ihm ein Kraftstrahl aus, der ihn mit der unsichtbaren Seite des Gewünschten verbindet. Ändert sich sein Wunsch oder wird er schwächer, wird diese energetische Verbindung abgebrochen oder sie verfehlt ihr Ziel. Hält er jedoch an seinem Wunsch oder seiner Sehnsucht fest, so wird das Gewünschte früher oder später, teilweise oder vollständig zur Realität. Das damit zusammenhängende Prinzip besteht darin, dass man nur das herbeiwünschen kann, was bereits existiert, wenn nicht bereits geformt, so doch in der Ursubstanz. Das „Wünschen" ist dann die treibende Kraft, die es sichtbar werden lässt oder seine physische Wirkung hervorruft.

Es ist sinnlos, sich etwas zu wünschen, ohne zu erwarten, dass man es auch bekommen wird, sei es nun ganz oder teilweise. Ein Wunsch ohne Erwartung ist vergebliches Wünschen oder Träumen. Sie verschwenden nur viel wertvolle geistige Energie darauf. Der Wunsch bringt Sie in Berührung mit der inneren Welt von Ursache und Wirkung und verbindet Sie auf unsichtbare Weise mit der Ursubstanz des Gewünschten. Dann ist eine kontinuierliche Erwartungshaltung erforderlich, damit es sich in Ihrem Leben verwirklichen kann. Ähnlich der Gravitationskraft in der

Welt der Materie, ist „Erwartung" eine Anziehungskraft des Geistes, die in der unsichtbaren Sphäre wirkt.

Wir alle wissen, dass sich viele Menschen schöne Dinge wünschen, ohne jedoch zu erwarten oder sich wirklich darum zu bemühen, dass sie sie bekommen. Sie fangen viel versprechend an und schaffen vielleicht den halben Weg, aber kein Stück weiter. Wenn sie lernen, auch in der zweiten Hälfte des notwendigen Prozesses durchzuhalten und das, was sie sich wünschen, auch erwarten, dann werden die meisten ihrer Wünsche oder Träume Schritt für Schritt erfüllt. Dann wieder begegnen wir Menschen, die Dinge erwarten, die sie nicht wollen, die aber oft eintreten. Das beweist, dass die Erwartung eine mächtige Anziehungskraft besitzt. Erwarten Sie nie etwas, das Sie gar nie wollten, und wünschen Sie sich nie etwas, das Sie gar nicht erwarten. Wenn Sie etwas erwarten, das Sie nicht wollen, ziehen Sie das Ungewünschte an, und wenn Sie etwas wünschen, das Sie nicht erwarten, verschwenden Sie nur wertvolle Geisteskraft. Erwarten Sie jedoch ständig, dass eintritt, was Sie sich so beharrlich wünschen, so wird Ihre Fähigkeit, etwas anzuziehen, unwiderstehlich. Das Verlangen verbindet Sie mit dem Gewünschten, und die Erwartung bringt es in Ihr Leben. So will es das Gesetz.

Wenn Armut, Not, Beschränkung oder irgendein Mangel Sie bedrücken, dann nutzen Sie ab jetzt dieses Gesetz des Geistes. So wird Ihnen nach und nach immer mehr Gutes in Form von besseren Dingen und verbesserten Umständen zuteil. Sie haben ein Recht darauf, glücklich und frei zu sein. Deshalb sollten wir uns bemühen, mehr über die uns unbewussten Gesetze der geistigen Schöpfung und die wunderbaren Potentiale zu erfahren, die in uns schlummern. Die Natur entzieht uns nicht die guten und wünschenswerten Dinge, sondern sie hat uns mit dem geistigen Rüstzeug und der inneren Kraft ausgestattet, die es uns ermöglicht, dass wir all das Gute erwerben und genießen, das für die Sicherung eines glücklichen und lohnenden Daseins erforderlich ist.

Die praktische Umsetzung zeigt, ob etwas angemessen ist, da theoretische Kenntnisse allein wenig oder keinen Wert haben, wenn sie nicht für praktische Ziele verwendet werden können. Hier ist eine einfache Methode, wie man seine Geisteskraft einsetzen kann, damit sich aufgrund des Gesetzes das Gute im Leben vermehrt. Entwickeln Sie ein klares und scharf umrissenes mentales Bild von dem, was Sie möchten. Legen Sie keinesfalls fest, in welcher Form oder wie es erscheinen soll, wünschen Sie nur ganz fest und ruhig ein Höchstmaß des Guten in dieser Richtung. Vermeiden Sie innerliche Verkrampfung, übermäßige Anstrengungen oder Angst. Es ist besser, wenn Sie sich die geistigen Vorstellungen in Zeiten machen, da es um Sie herum ruhig und friedlich ist. Lassen Sie aus der guten Idee, dem guten Plan, ein klares mentales Bild entstehen, etwa derart, als würde ein Film auf einer Leinwand ablaufen. Erzwingen Sie den Gedanken nicht, weil Druck Stauung und Verwirrung erzeugt. Je ruhiger und entspannter Sie sind, desto besser sind die Ergebnisse. Das Wichtigste ist, dass Sie den Gedanken festhalten. Dann nähren Sie Ihren Wunsch oder Ihr Verlangen in der ruhigen, zuversichtlichen Überzeugung, dass das, was Sie erstreben, sich einstellen wird. Wenn Sie in diesem Geisteszustand verharren, wird sich das Gewünschte zu Ihnen hingezogen fühlen. Bei kleinen, weniger bedeutenden Dingen kann es fast sofort eintreten, z. B. eine Einladung, ein Buch, die Begegnung mit einem Freund auf der Straße. Oder es kommt allmählich, im Laufe der Zeit, je nachdem, wie klar und stark Ihre Sehnsucht ist und was speziell Sie sich wünschen. Seien Sie in der Zwischenzeit vernünftig und handeln Sie zweckmäßig – tun Sie alles, was Ihnen möglich ist, damit das Gewünschte sich bald verwirklichen kann. Ich glaube nicht, dass der HERR demjenigen antwortet, der auf einem bequemen Schaukelstuhl sitzt und darauf wartet, dass ihm das Gewünschte in den Schoß fällt. Irgendwo heißt es, GOTT helfe denjenigen, die sich selber helfen. Ja, Resultate erzielt man nur, wenn man etwas tut. Durch das Tun verstärken Sie auch den schöpferischen geistigen Prozess und öffnen den Kanal, über den er sich ausdrücken kann. Dann überlassen Sie es dem Gesetz, was dabei herauskommt. Wenn Sie Ihren Teil erfüllen, wird das Gesetz den Rest übernehmen. Wie gut bzw. wie genau Sie mit dem Gesetz zusammenarbeiten, bestimmt, wie lange es dauert, bis das Gewünschte eintritt. Zeit ist eine Einteilung, die von den Menschen geschaffen wurde. Die Natur existiert ohne Zeit und reagiert immer in der Gegenwart, im Jetzt.

Manchmal erscheint uns das, was kommt, fast wie ein Wunder. Wenn man sich etwas Bestimmtes von ganzem Herzen und ganzer Seele gewünscht hat, doch nicht damit rechnet, dass es eintrifft, kann die Tatsache, dass wir etwas für die Verwirklichung tun, einen glücklichen Abschluss der Sache herbeiführen. Sie sind in der Tat immer auf der Seite des Gesetzes, wenn Sie die beiden unerlässlichen Voraussetzungen – nämlich den „Wunsch" und die „Erwartung" – miteinander verbinden. Sie bedienen sich einer unsichtbaren Intelligenz, die Sie mit den eigentlichen Mitteln und Wegen in Berührung bringt, welche zur Verwirklichung Ihrer Wünsche führen. Das diesem Prozess der Anziehung zugrunde liegende Prinzip ist so korrekt und nachweisbar wie jedes Prinzip in der Mathematik. Wir alle wenden es mehr oder weniger täglich an, meist jedoch unbewusst und deshalb unvollkommen.

Und schließlich: Verlangen oder fordern Sie nichts, was von Rechts wegen jemand anderem gebührt, der unter dessen Verlust leiden würde. Wünschen Sie sich nur etwas, das Ihr Leben erfüllt, es reichhaltiger und glücklicher macht, und etwas, das Ihnen die Möglichkeit gibt, anderen dabei zu helfen, bessere und glücklichere Umstände herbeizuführen. Bleiben

Sie natürlich bei Ihren Wünschen, und nutzen Sie die Intelligenz, die GOTT Ihnen gegeben hat, damit Sie zwischen rationalen und irrationalen Wünschen unterscheiden können. Ihnen ist die Sehnsucht nach Harmonie, Zufriedenheit und Fülle eigen. Solche Lebensumstände werden Sie in Ihrem Leben Schritt für Schritt erreichen, wenn Sie in Übereinstimmung mit dem Gesetz leben und als Beweis für Ihren wachsenden Glauben an die Weisheit und die Allmacht der erhabenen Quelle eine kontinuierliche Zunahme alles Guten erwarten.

Der Geist ist ein Magnet, der all das anzieht, was seiner vorherrschenden Haltung entspricht. Was immer wir für Vorstellungen entwickeln, was immer wir erwarten und denken, wird dazu führen, dass die entsprechenden Dinge und Umstände in unser Leben eintreten. Die Wissenschaft hat die Existenz und andauernde Wirksamkeit des Gesetzes der geistigen Anziehung überzeugend nachgewiesen. Aus diesem Grunde sollte jeder doppelt vorsichtig sein, wie und was er denkt. Unsere vorherrschende Geisteshaltung ist die Hauptursache für so gut wie alles, was in unser Leben eintritt, und je eher wir diese Wahrheit erkennen, desto schneller werden wir unser Leben positiv verändern und uns weiterentwickeln.

Wir müssen danach streben, von dem Wunsch nach Fortschritt erfüllt zu sein, und dem Gesetz die Möglichkeit einräumen, uns dabei behilflich zu sein. Dann wird uns alles zur Hilfe gereichen. Hindernisse werden unsere Entschlossenheit zum Sieg stärken. Entmutigungen durch andere stärken uns und machen uns Mut für noch mehr Aktivität. Wir werden deutlicher erkennen und besser verstehen, dass jede Schwierigkeit für uns eine Chance zur Weiterentwicklung ist, jeder Stolperstein eine Stufe auf dem Weg zu unserem Erfolg. Unsere so genannte Bürde wird ihre Schwere verlieren, weil der Geist in uns unbesiegbar ist. Wenn er durch Sehnsucht und Streben angespornt wird, dann wird er unfehlbar seine Kraft und

Intelligenz steigern. Dadurch werden unsere Gedanken und Handlungen in die Bahnen gelenkt, die zu den Höhen des Erfolgs führen.

Das Gesetz der geistigen Anziehung wirkt im selben Sinne wie das Gesetz der Schwerkraft, genauso präzise und korrekt. Sie kennen sicher folgende Redensarten, in denen die Wirkung des Gesetzes ausgedrückt wird: „Gleich und Gleich gesellt sich gern" oder „Der Apfel fällt nicht weit vom Stamm" oder „Sage mir, mit wem du gehst, und ich sage dir, wer du bist". Die Gedanken und Handlungen von Menschen ziehen Menschen gleicher Veranlagung und Art an.

Es ist allerdings schwierig, jemandem zu sagen, warum es ihm misslingt, die Erfüllung seiner Bedürfnisse herbeizuführen, da kein Mensch wie der andere denkt und deshalb nicht zwei Menschen dieselben Fehler machen. Ich werde jedoch die drei Maßnahmen nennen und erklären, die Sie ergreifen können, um etwas Wirklichkeit werden zu lassen. Wenn Sie diese Vorschläge genau befolgen, können Sie feststellen, wo Sie etwas falsch gemacht haben:

Der erste Schritt heißt INTERESSE. Interesse bedeutet, dass man einem Projekt oder einer Sache spezielle Aufmerksamkeit widmet. Man ist also definitiv um etwas oder jemanden bemüht. Interesse äußert sich darin, dass man im Äußeren das erkennt, was bereits im Inneren existierte. Interessen sind auch Dinge, an die Sie denken und die Ihnen Freude, Vergnügen, Weisheit und Befriedigung bescheren. Ich erinnere mich an eine Frau, die mir sagte, dass sie in einer Menschenmasse Krüppel stets schneller erkennen könne als sonst irgendjemand. Sie schienen ihre Aufmerksamkeit zu fesseln und ihre Sympathie hervorzurufen. Das kam daher, dass sie einmal eine Verletzung hatte und monatelang eingegipst im Rollstuhl gefahren wurde. Die Erinnerung an dieses Erlebnis war in ihrem Gehirn noch frisch und rief dieses Interesse hervor.

Unsere Interessen sind größtenteils individuell, weil wir nicht gleich denken. Jemand kann an einer Sache interessiert sein, die ein anderer nicht sehen würde. Vor kurzem waren meine Frau und ich unterwegs, wir wollten ein ausgetrocknetes Flussbett in der Wüste untersuchen. Sie war besonders an glänzenden Steinen mit Gold-, Silber-, Kupfer- und Eiseneinschlüssen interessiert, die in diesem Gebiet gewöhnlich zu finden sind. Ich für meinen Teil suchte nach Flaschenkürbissen, von denen ich wusste, dass sie an feuchten Plätzen wild wachsen. Ich wollte die Sorte finden, die die einheimischen Indianer in ihren Hogans, insbesondere bei ihren zeremoniellen Tänzen benutzten. Da waren wir nun miteinander unterwegs, sie suchte nach diesen seltenen Steinen und ich nach Kletterpflanzen mit Kürbissen. Ich habe die Steine nicht einmal gesehen, und ich bin sicher, dass sie kaum etwas von den Kürbissen wahrgenommen hat. Wir gingen nebeneinander und sahen doch unterschiedliche Dinge, weil wir nach unterschiedlichen Dingen Ausschau hielten. Wir sehen im Leben das, was uns am meisten interessiert, und sind blind für die Dinge, die uns wenig oder gar nicht interessieren. Es ist diese einfache Gewohnheit, bei der viele von uns wahrscheinlich entscheidende Fehler machen. Wir sind oft derart interessiert an Dingen, die ungünstig, unerfreulich und ungesund sind, dass wir an dem, was wir uns am meisten wünschen, blind vorbeigehen und die eigentlichen Wege zu Gesundheit und Wohlergehen übersehen. Wenn unser Interesse durch Gewohnheit oder Unwissenheit so geprägt ist, das Unbedeutendere zu sehen, können wir wohl kaum die größeren Dinge, die uns umgeben, anziehen.

Einmal kam ein junger Mann zu mir und fragte, was er tun könne, um sein Einkommen zu erhöhen – er war mit seinen mageren Einkünften unzufrieden. Ich erfuhr, dass er Elektriker war. Seine Arbeit nahm ihn mehrere Stunden am Tag in Anspruch. Ihm gefiel sein Zuhause, er genoss seinen Garten, seine Zeitungen und ging gelegentlich aus. Ich meinte, er werde für das, was er tat, gut bezahlt, und sagte ihm das. Ich fügte hinzu, dass wenn er mehr verdienen wolle, er seine Interessen fördern und sich dessen würdig erweisen müsse. Die Natur ernährt die Vögel, indem sie eine Fülle an Futter zur Verfügung stellt, aber niemand stopft den Wurm in den Schnabel des Vogels. Der Vogel muss zumindest ausfliegen und nach Futter suchen. So geht es uns allen, wir müssen mehr dafür tun als wünschen und beten.

Er entschied sich dann für eine Erweiterung seiner Fähigkeiten als Elektriker. Er besuchte einen Kurs in der Abendschule und legte seine Zeitungen zugunsten von Büchern und anderen Unterlagen beiseite. Er begann sich für das Radio zu interessieren und war begeistert von seinen Möglichkeiten. Dieses Interesse machte ihn mit anderen Leuten bekannt, und schließlich bekam er eine Stelle in einem expandierenden Radiounternehmen. In ganz kurzer Zeit hatte er ein neues Vergnügen gefunden und sein Einkommen verdreifacht. Niemand anderer als er selbst war schuld gewesen an seinem unbefriedigenden Leben, weil er unfähig gewesen war, parallel zu seinen Wünschen auch seine Interessen zu erweitern.

Menschen verfallen so einfach in einen immer gleichen Trott, und es ist immer erst ein mentaler Trott, ehe er im Irdischen sichtbar wird. Die Menschen lassen sich unwissentlich, unbewusst und ziellos ins Unglück und die Blindheit treiben. Eine sehr nette Person kam zu mir mit einem Problem, welches bei vielen Frauen dazu führt, dass sie das aufgeben und verlieren, was ihnen am meisten am Herzen liegt. Diese Frau hatte ein schönes Haus, einen gut verdienenden Ehemann, viele Hausangestellte und zwei Söhne, auf die sie stolz sein konnte. Doch trotzdem war sie ausgesprochen unglücklich. Als ihre Söhne heranwuchsen, hatte sie deren Ausbildung und Fürsorge all ihre Zeit gewidmet. Jetzt waren sie verheiratet und richteten ihr eigenes Haus ein. Während sie zu Hause so angebunden war, hatte sich ihr Mann zu einem sehr erfolgreichen Unternehmer entwickelt, er besuchte Clubs und schloss Freundschaften mit anderen Männern und Frauen. Er war mit seinen Interessen ziemlich beschäftigt, kam nachts nach Hause, verbrachte aber die meisten Wochenenden außer Haus. Da saß sie nun in einem großen Haus mit Bediensteten, viel Geld, aber ohne Liebe und Glück. Sie erkannte, dass der Riss sich vergrößerte und ihr Mann bald die Scheidung einreichen würde. So war sie gezwungen, einen Ausweg zu suchen.

Nach längerer Analyse wurde mir klar, dass sie noch einen Funken Interesse für Kunst und Literatur hatte. Ich empfahl ihr, im Sommer ins Ausland zu fahren, etwas Neues zu sehen und danach einen arbeitsreichen Winter mit neuen Studien zu planen. Sie kehrte erholt zurück und konnte es kaum erwarten, mit der Arbeit zu beginnen. Sie trat einem Literaturclub bei, in dem sie sich wohl fühlte. Allmählich arbeitete sie sich in kleine Theaterrollen ein, bis eines Tages aus ihrem Interesse ein glühendes Verlangen wurde, mit dieser Arbeit weiterzukommen. Das Haus, die Angestellten, die Einsamkeit traten angesichts der neuen Ambition in den Hintergrund. Kurz gesagt, sie arbeitet inzwischen für einen Radiosender und ist sehr erfolgreich. Ihre Söhne sind stolz auf sie, ihr Ehemann übertrifft sich fast mit seinen Aufmerksamkeiten, und ihr Glück ist übergroß.

Sie sehen, man muss sich ein gewisses Interesse bewahren. Man muss seinen Verstand fit und beweglich halten, damit man seine Attraktivität und Zufriedenheit nicht verliert. Unsere Gedanken sollen sich mit unseren höchsten Interessen befassen, niemals nur mit den materiellen Dingen. Das Materielle ist nur das Medium, über das wir unsere Interessen ausdrücken. Von einer starken Idee oder Vorstellung geht eine starke

Magnetkraft aus. Diese Vorstellung oder dieses Prinzip steuert unsere Interessen, woraus sich dann eine innere Anziehungskraft entwickelt.

Eine junge Frau, die ich sehr gut kenne und immer als Freundin schätzen werde, ist zwar nicht gerade eine Schönheit, doch äußerst attraktiv. Sie hat einen großen Freundeskreis und bezaubert immer, wohin sie auch geht. Als sie einmal gefragt wurde, was sie an sich habe, das ihre Bewunderer so fasziniere, sagte sie: „Ich kann es weder meinem Körper zuschreiben noch meinen Kosmetikmarken, aber ich glaube, es kommt daher, dass ich Offenheit, Wahrheit und Aufrichtigkeit mag." Es gibt zahlreiche Beispiele von Frauen und Männern, die zu Erfolg und Ruhm gekommen sind, weil sie ein Prinzip des Guten geliebt und gelebt haben. Wenn man ein solches Prinzip lebt und mit Interesse verfolgt, wird man entsprechend dem GESETZ immer Gutes anziehen.

Der zweite Schritt heißt AUFMERKSAMKEIT. Ein großes Interesse zu haben, ist nicht ausreichend – wir müssen es in unsere täglichen Arbeiten einfließen lassen. Unsere Aufmerksamkeit muss unser Interesse begleiten, und je stärker unser Interesse ist, desto intensiver wird unsere Aufmerksamkeit sein. Es ist unsere interessierte Aufmerksamkeit, die jene Dinge in der äußeren Welt wahrnimmt, die wir mental geformt haben. Wenn wir unsere Aufmerksamkeit auf die Dinge richten, die uns interessieren, dann wird unsere Anziehungskraft geradezu magnetisch, wodurch wir vieles von dem anziehen, worum unsere Gedanken kreisen. Wenn wir unseren Interessen unsere ungeteilte Aufmerksamkeit widmen, stellen wir fest, dass die meisten unserer kleinlichen und egoistischen Neigungen von unseren höheren Interessen neutralisiert werden und wir kontinuierlich Fortschritte machen.

Ich erinnere mich an die Zeit vor vielen Jahren, als ich noch ein Student an der Universität war und oft durch den Bahnhof von Williamsport ging, wo ein bestimmter Mann, der damals ein untergeordneter Aufsichtsbeamter der Pennsylvania Eisenbahngesellschaft war, sein Büro hatte. Oft war es nach Feierabend, wenn ich an dem Gebäude vorbeiging, meistens spät am Abend, und doch sah ich immer Licht in seinem Büro. Er war sehr damit beschäftigt, eine wichtige Arbeit abzuschließen. Es schien, als wäre er ganz in seinem Interesse für die Arbeit aufgegangen, all seine Aufmerksamkeit war darauf gerichtet, seinem Arbeitgeber zu nutzen. Jahre vergingen, bis der Tag kam, an dem ich diesen Mann traf und mir klar wurde, warum er ständig von einer Position auf eine bessere befördert worden war. Heute ist er nach dem Vizepräsidenten die wichtigste Person in der größten Eisenbahngesellschaft der Welt. Was immer er tat, geschah mit vollem Einsatz. Seine Aufmerksamkeit blieb so lange bei einer Arbeit, bis er überzeugt war, dass sie ordentlich erledigt war. Ich erfuhr von ihm, dass er sich nie gefragt habe, wann er seine nächste Gehaltserhöhung oder Beförderung erhalten würde. Er habe einfach nur gearbeitet, sagte er, und die Beförderung sei gekommen, ohne dass er sich darüber Gedanken machen musste.

Vor Jahren beschrieb ein anderer junger Mann diese Auswirkung des Gesetzes sehr gut, wie ich finde, wobei andere Menschen seine Äußerung für unrealistischen Idealismus hielten. Er sagte: „Denn wer sein Leben erhalten will, der wird's verlieren.“ (Matth. 16, 25) „Und so dich jemand nötigt eine Meile, so gehe mit ihm zwei.“ (Matth. 5, 41) Wer hervorragend sein will, muss hervorragende Arbeit leisten. Wer an der Spitze sein will, muss an der Basis alles geben. Die großen Gehälter erhalten diejenigen, die es auf sich nehmen, die nicht geforderte Extrameile zu gehen. Derjenige, dessen Aufmerksamkeit ganz auf seine Interessen gerichtet ist, wird ansehnliche Leistungen erbringen. Emerson sagte: „Seht, wie sich die Masse der Menschen zu Tode sorgt, während hier und da eine große selbstlose Seele sich selber bis in die Unsterblichkeit hinein vergisst."

Ja, sagen Sie, ich kenne Menschen, die solche Vorteile und Möglichkeiten hatten, im Leben voranzukommen, aber sie waren nicht so erfolgreich wie Ihr Freund. Sie hatten Einfluss und Geld und Grips, aber irgendwie schafften sie es nicht bis an die Spitze. Angenommen, sie hatten all die materiellen und physischen Vorzüge, die ein Durchschnittsmensch braucht, wenn er wie eine Rakete zum Gipfel des Erfolgs gelangen will, so fehlte ihnen doch irgendetwas in ihrem Inneren. Die Quelle und die Ursache allen Erfolgs liegt tief verborgen im Geist, und man muss seine Aufmerksamkeit erst den Grundsätzen und dann den Fakten widmen. Was will ich damit sagen?

Wenn Sie an Ehrlichkeit glauben, dann schenken Sie dem Prinzip der Ehrlichkeit all Ihre Aufmerksamkeit. Sie lenken diese Aufmerksamkeit darauf, dafür zu sorgen, dass Sie alles in ehrlicher Art und Weise tun und denken. Wenn Sie eine Möglichkeit hätten, jemanden zu betrügen oder zu bestehlen, halten Sie sich an Ihre Grundsätze und weigern sich, aus etwas, mag es auch noch so trivial erscheinen, einen Vorteil zu ziehen. Am Anfang sieht immer alles trivial aus, aber das ist immer nur am Anfang so. Solche Trivialitäten wachsen mit einer krebsartigen Geschwindigkeit. Sie sehen kaum einen äußerlichen Beweis dafür, dass Sie Ihren Maßstäben treu geblieben sind, aber mit der Zeit werden Sie die Befriedigung nicht nur sehen, sondern auch fühlen. Wenn Sie Ihre Handlungen genau verfolgen und jede Angelegenheit mit Ihren Grundsätzen in Übereinstimmung bringen, „laden" Sie Ihren Geist mit Ehrlichkeit. Er bekommt Magnetkraft und zieht ehrliches Bemühen und dauerhaften Erfolg an.

Als Nächstes befassen Sie sich so lange mit der Wahrheit, bis Sie sie in derselben Art und Weise umsetzen können. Es gibt so viele Möglichkeiten, die Wahrheit in Frage zu stellen, dass Sie nicht davon ausgehen können, diese Arbeit in einer oder zwei Wochen erledigt zu haben. Es muss sich alles entwickeln. Nach einer Weile werden Sie erkennen, dass Ihr Interesse, Ihre Aufmerksamkeit sich so stark auf die Wahrheit in all ihren Formen konzentriert, dass Falschheit und Unehrlichkeit nie mehr den Weg zu Ihnen oder Ihren Angelegenheiten finden wird. Ich erinnere mich an eine Aussage, die ich hörte, als ich noch ganz am Anfang meiner derzeitigen Tätigkeit stand. Die Besitzerin eines Ladens sprach von einer kleinen Frau, die oft hereinkam, um Karten und Geschenke für ihre Familie zu kaufen. Jemand hatte vorgeschlagen, sie solle der Frau ein paar minderwertige Artikel andrehen. Darauf antwortete sie: „Nein, sie ist zu ehrlich, als dass ich sie betrügen könnte." Ich habe mich damals über ihre Bemerkung gewundert, doch heute verstehe ich sie. So etwas kann über jeden von uns gesagt werden, wenn wir es so verdienen, wie es sich die kleine Frau verdient hatte.

Der Rektor einer Hochschule im Osten der USA kam eines Tages in unsere Kapelle, als Frau Holliwell gerade bei den Bücherregalen stand. Er sagte, er habe ein paar von den im Schaufenster ausgestellten Büchern gelesen. Besonders beeindruckt habe ihn das Buch „The Game of Life and How to Play It" (Das Spiel des Lebens und wie man es spielt) von Florence Shinn. Er meinte, der Titel sei sehr anziehend und für jedermann von Interesse. „Wissen Sie", sagte er, „ich betrachte das Leben als Spiel. Ich habe als armer Junge mit ein paar Talenten angefangen, aber ich habe das Spiel gespielt. Ich lebte ohne die Hilfe, die viele dieser Bücher anbieten können. Ich war erfolgreich und erzähle jetzt Tausenden von Jungen und Mädchen, wie ich das Spiel gespielt habe. Ich habe meinen Erfolg auf drei bekannten Prinzipien aufgebaut: auf Wahrheit, Ehrlichkeit und Besonnenheit. Ich habe mein Leben an diesen Grundsätzen ausgerichtet und dadurch ein glückliches Leben führen können."

Legen Sie einen Grundsatz oder einen Maßstab für sich fest, wenn Sie es nicht bereits getan haben. Befassen Sie sich mit einer Sache oder einem Gedanken nach dem anderen und arbeiten Sie sich Schritt für Schritt voran. Wenn Sie bemüht sind, Ihre Aufmerksamkeit einem aufbauenden Interesse zu widmen, werden Sie den unbedeutenderen Dingen weniger Aufmerksamkeit schenken. Sie müssen sich weniger engagieren, als es manche Leute so übermäßig tun, die gegen Unehrlichkeit und Ähnliches vorgehen, anstatt ihren Geist so auszurichten, dass sie nicht mehr an Unehrlichkeit denken oder diese fürchten müssen. Das Gesetz erwartet von uns, dass wir die Korrekturen in uns selbst vornehmen, und wenn wir das erledigen, wird es für uns von selber nach außen wirksam. Es ist unser Denken, das die Interessen belebt und unsere Aufmerksamkeit ausrichtet. Deshalb dürfen wir nie von unseren Grundsätzen abweichen, weil wir sonst Dinge anziehen, die wir nicht wollen.

Der letzte Schritt, den wir zu gehen haben, ist die ERWARTUNG. Das ist eine aktive und intensive Form der Aufmerksamkeit – zu vergleichen mit dem Verhalten einer Katze, die geduldig vor dem Mauseloch wartet. Die Katze erwartet, jeden Moment ihre Belohnung zu bekommen. Sie erwartet, dass sie die Maus bekommt, weil sie daran glaubt, dass sie sie schließlich bekommen wird. Wenn die Katze nicht glauben und erwarten würde, dass sie die Maus fängt, wären ihr Interesse und ihre Aufmerksamkeit weniger intensiv. Ihre Energien wären nicht so aktiviert worden.

Wenn Sie an die Wahrscheinlichkeit des Erfolgs bei Ihrem Unternehmen glauben, sind Sie mit allen Sinnen bei der Sache. Dieses Interesse wird durch Erwartung und Vorfreude intensiviert. Dadurch ziehen Sie den Erfolg an, für den Sie arbeiten. Ihre Erwartung muss mit Ihrem Interesse und Ihrer Aufmerksamkeit durchsetzt sein.

Eine Witwe kam zu Elisha und bat ihn um Hilfe in einer Geldangelegenheit. Es ging um Freiheit oder Sklaverei für ihre beiden Söhne, die wegen der Schulden ihres Ehemannes festgenommen worden waren. Elisha fragte sie sofort, ob sie etwas habe, das sie zu Geld machen könne. Sie hatte nichts weiter als eine Kanne voll Öl, aber das war wenigstens etwas. Elisha sagte der Witwe, sie solle von ihren Freunden mehrere leere Gefäße erbitten und dann nach Hause gehen und dort das vorrätige Öl auf die Gefäße verteilen. Das tat sie, bis alle geliehenen Gefäße gefüllt waren. Als sie das letzte gefüllt hatte, war kein Öl mehr in ihrer Kanne. Es war kein Tropfen übrig geblieben. Sie folgte dem Muster unserer Lektion: Als sie beim letzten Gefäß ankam und damit auch am Ende ihrer Erwartungen, stellte sie fest, dass ihr Vorrat erschöpft war. Sie konnte nur über so viel Öl verfügen, wie sie erwartet hatte, und ihre Erwartung ergab sich aus der Anzahl der Gefäße, die sie eingesammelt hatte. Elisha hatte das Gesetz in Kraft gesetzt, aber sie bestimmte durch ihre Erwartungshaltung, wie weit es reichen würde. Sie hätte ihre Hoffnung viel höher ansetzen können, aber sie erhielt nur das, was sie erwartet hatte.

Wenn Sie für Erfolg, Gesundheit oder Glück arbeiten, können Sie sich vieles wünschen, doch Sie werden nur so viel erreichen, wie Sie erwarten. Hegen Sie aber Zweifel in Ihrem Herzen oder Furcht, dass Ihr Bedürfnis nur teilweise oder kaum erfüllt wird, können Sie versichert sein, dass Sie auch nur so viel erhalten und kein bisschen mehr. Wenn Sie für eine Sache beten und dann fürchten und zweifeln, ob Sie das Gewünschte erhalten werden, schwächen Sie Ihre geistigen Kräfte und ziehen nur das an, was die schwächeren Gedanken glauben und erwarten.

Ein prominenter Arzt wurde einmal gefragt, warum er in der Lage sei, gelegentlich Fälle zu heilen, die andere nicht heilen konnten. Er sagte: „Ich gehe immer davon aus, dass ein Mensch noch so weit im Leben steht, dass er überleben *kann*. Ich begebe mich auf die Suche nach Ideen, was ich noch behandeln könnte, und manchmal sind diese Ideen sehr einfach oder seltsam. Aber in dem Moment, wo etwas in mir klickt, nehme ich es an und nutze es." Er sagte, er habe immer dann einem Menschen helfen können, wenn er seine Genesung mit Bestimmtheit erwartet habe.

Wenn wir so unbeirrbar an dem Gedanken festhalten, dass wir niemals scheitern können, dann erwarten wir Erfolg. Unser Geist wird gestärkt durch unsere Überzeugung und zieht – gestützt durch das Prinzip, das wir hochhalten – wie ein Magnet all das an, was wir uns an diesem Punkt am meisten wünschen. Wünschen ist Erwarten, und Erwarten bringt Erfolg.

5 *Das Gesetz des Gebens*

„Gebet, so wird euch gegeben;
ein volles … und überfließendes Maß.“
(Lukas 6, 38)

Verständnis lässt uns das Größte einfach erscheinen, fehlt uns aber das Verstehen, so wird das Einfachste unbegreiflich. Damit wir das Christentum praktizieren können, müssen wir das Christentum verstehen und uns in das Gesetz einordnen, auf dem es basiert. Christi Lehre zeigt uns, wie wir den Folgen unserer selbstsüchtigen Lebensweise den Rücken kehren und den Weg beschreiten können, der uns der Liebe Gottes, Seiner Weisheit und Kraft zuführt. Der Mensch zeigt mit seinen Worten, seinem Tun und Treiben, ob er den Weg bereits gefunden hat. Gott ist für den Menschen der Inbegriff der Vollkommenheit, die im Glauben des Menschen ihren Niederschlag findet und als erlösende Liebe, Weisheit und Kraft zum Ausdruck kommt.

Derjenige, der sich an den Vater wendet, um etwas zu „bekommen“, sucht ihn nicht mit aufrechter Seele. Solange etwas Materielles zwischen dem Geist des Bittenden und dem Gesetz Gottes steht, bleiben die beiden getrennt und können keinen Anschluss finden. Hält jemand an seiner persönlichen Meinung und seinem Wunsch fest, so ist er weit entfernt von einem rechten Gottesbegriff.

Solange wir die Zusammenhänge nicht wirklich verstehen, denken wir, dass wir erst etwas bekommen müssen, ehe wir geben können. Dann machen wir eine Kehrtwendung und verfallen in denselben mentalen Trott wie zuvor, indem wir denken, dass wir geben müssen, bevor wir nehmen können; aber durch das fehlende Verständnis dominiert immer noch die Vorstellung des Nehmen-Wollens, während der Geist des Geben-Wollens ausgeschlossen bleibt.

Geben als erste und bedeutendste Bedingung im Leben ist das wichtigste Gesetz in der Schöpfung. Wer immer nur nehmen will, hemmt oder unterdrückt das Gesetz des Lebens in seiner Auswirkung. Solange „das Nehmen-Wollen" den Verstand beherrscht, ist dieser gelähmt, da er in seiner Handlung in Übereinstimmung mit dem Grundgesetz der Schöpfung eingeschränkt ist.

Das Radio half sehr dabei, die Wirkung des Gesetzes vom Geben und Nehmen oder vom Beten und Empfang des Segens zu erklären. Die beteiligten Prinzipien sind einander sehr ähnlich. Eigentlich sind es die gleichen, nur dass sich das eine auf einer mechanischen, das andere auf der geistigen Ebene auswirkt. Wenn ein Radiosender ein Programm sendet, verursacht er zu diesem Zwecke eine Schwingung in der Luft, die sich fortpflanzt. Nachdem das Programm übertragen wurde, hat der Sender damit nichts mehr zu tun. Der Äther bzw. die Luft trägt die Schwingungen zu den Stationen, die sie empfangen und wiedergeben können.

Wenn wir beten, erzeugen wir mit unseren sehnsuchtsvollen Gedanken ebenfalls eine Vibration. Auch diese wird von einer Übertragungskraft empfangen, deren Stärke abhängig ist von der Intensität, dem Zweck und der Aufrichtigkeit unseres Gebets. Oftmals denken wir, wenn wir beten, dass es in erster Linie darauf ankommt, mit dem Beten nicht nachzulassen. Die Folge davon ist, dass wir uns niemals richtig ausrichten und damit nicht darauf eingestellt sind, die uns bestimmten Antworten zu empfangen. Und dann beschweren wir uns, wenn wir sie nicht unverzüglich erhalten.

Ein Träumer oder Wünschender ist jemand, der beständig betet, seine Ideen und Wünsche hinaussendet und so mit dem Träumen beschäftigt ist, dass er all seine Freude aus seinen Träumen schöpft. Er weiß oder erkennt nicht, dass der Traum, den er freisetzte und der nun etwas bewirken soll, nach einiger Zeit endgültig zu ihm zurückkehren wird.

Wenn Sie Ihren Wunsch eindeutig und klar umrissen haben, geben Sie ihn frei, lassen Sie ihn so himmelwärts steigen, als sei er ein Ballon, der kein Band oder Gummi hat, an dem Sie ihn zurückholen könnten.

„Die höchste Not des Menschen ist die beste Gelegenheit für das Schicksal" ist ein wahrer Ausspruch, denn wenn der Mensch seine Grenzen erreicht, stellt er seine Bemühungen verzweifelt ein. Wenn er sich von den Anstrengungen erholt hat und entspannt ist, hat das Gesetz die Möglichkeit, auf seine Wünsche zu antworten, und damit wendet sich für ihn das Blatt. Haben Sie noch nicht gesehen, wie das bei trivialen Dingen funktioniert, z. B. bei dem Wunsch nach einem bestimmten Buch, Kleidungsstück, einer Einladung oder Ihrem Wunsch, einen bestimmten Freund zu sehen? Wahrscheinlich hatten Sie irgendwann einmal den Gedanken oder Wunsch ausgesendet und ihn dann vollkommen vergessen. Auf einmal schenkte Ihnen jemand das Buch, Sie erhielten die Einladung oder Sie liefen an einer Straße entlang und standen plötzlich vor Ihrem Freund, den zu treffen Sie sich so gewünscht hatten. Aber wenn es um wichtigere, größere Dinge geht, tun wir uns schwer, unsere Wünsche und Gebete so bereitwillig loszuschicken. Aus Angst und Spannung halten wir alles fest. So aber können wir nichts Wertvolles erreichen. Der Geist ist wie ein Schwamm – wir pressen ihn fest zusammen mit unseren ängstlichen Gedanken, aber erst, wenn wir den Druck wegnehmen und der Schwamm wieder seine normale Form annehmen kann, bekommt er seine Saugfähigkeit und Aufnahmebereitschaft wieder zurück.

Manche glauben, wenn wir unsere Bedürfnisse durch ein Gebet oder anderweitig zum Ausdruck gebracht haben, dann brauchen wir nichts weiter zu tun. Das Gegenteil trifft zu: Wir haben es mit einem klar umrissenen und tatkräftigen Gesetz zu tun, und wir stehen erst ganz am Anfang unserer Arbeit. Das Lebensprinzip, auf dem dieses Gesetz basiert, ist klar definiert. Es heißt: „Gebet, so wird euch gegeben; ein volles, gedrücktes, gerütteltes und überfließendes Maß." (Lukas 6, 38) Geben geht immer dem Nehmen voraus und bestimmt das Maß dessen, was wir bekommen. Dabei spielt es keine Rolle, was wir geben – einen Gedanken, einen Zuspruch, eine Dienstleistung oder eine Tat.

Manche Leute betrachten dieses Gesetz möglicherweise als ein zweiseitiges Gesetz, d. h. die eine Hälfte der Zeit ist man mit Geben beschäftigt und die andere Hälfte mit Nehmen. Es ist wie bei Wärme und Kälte, das sind zwei Seiten desselben Gesetzes. Das heißt, wenn wir uns auf die Kälte konzentrieren und hoffen und beten, Wärme zu erhalten, werden wir wahrscheinlich erfrieren. Wir müssen all unsere Gedanken und Bemühungen darauf richten, dass wir ein Feuer entfachen oder etwas suchen, was uns erwärmt. Wenn wir uns also auf das Nehmen konzentrieren, ohne einen Gedanken, eine Vorstellung oder Sehnsucht einzubringen, auf denen wir aufbauen können, werden wir genauso umkommen. Das Gesetz sagt: „Geben ist seliger denn Nehmen“ (Apg. 20, 35) und „Umsonst habt ihr's empfangen, umsonst gebt es auch.“ (Matth. 10, 8) Wenn wir nicht bereit sind, unseren Wunsch hinauszuschicken, hat das Gute – das Gesetz – keine Vorlage, nach der es arbeiten kann, ohne die es kein Bedürfnis zu befriedigen vermag. Viele versuchen das Gesetz umgekehrt zu verwenden und erzielen aus diesem Grund nur geringe oder gar keine Resultate. Sie sagen sich: „Wenn ich etwas bekommen habe, dann werde ich auch etwas geben.“ Wenn man etwas Gutes wünscht, muss man zuerst etwas Gutes geben, auf dem man aufbauen kann.

Ein junger Mann machte seiner Freundin ein Geschenk, einen künstlichen Diamanten. Später, als er in finanziellen Schwierigkeiten steckte, schrieb ihm seine Freundin, der sehr daran gelegen war, ihm zu helfen, einen netten Brief und wünschte ihm viel Erfolg bei der Erfüllung seiner Verpflichtungen. Sie legte das Geschenk bei, das er ihr gegeben hatte und schlug vor, es zu verkaufen, um seinen Bedarf zu decken. Da tat es dem jungen Mann leid, dass er seiner Freundin keinen echten Diamanten geschenkt hatte. Zu einer Zeit, da er am meisten Hilfe gebraucht hätte, bekam er zurück, was er einst gegeben hatte – eine Imitation anstelle eines echten Diamanten.

Wenn wir von Geben sprechen, denken die meisten Menschen zuerst daran, ihr Geld herzugeben. Geld ist so sehr ein Objekt der menschlichen Begierde, dass die Menschen bereit sind, dafür zu morden und zu stehlen. Von Natur aus ist Geld derart unserem Willen unterworfen, dass wir es ruhig in der Hand halten oder es liebevoll falten und in unsere Geldbörse stecken können, ohne dass wir von ihm irgendeinen Widerstand spüren. Wenn die Menschen das Geld auch noch so sehr mit ihren egoistischen Gedanken in Verbindung bringen, ist es ihnen doch nicht gelungen, sein Wesen oder seinen Zweck zu verändern. Was hat das Geld davon, dass es sich ständig in Hände begibt, die so begierig nach ihm greifen? Nichts. Nichts außer der Freude, sich – in der Erfüllung seiner Mission – selbst herzugeben. Der Mensch kann furchtbare Dinge tun, um es zu erhalten; er kann es für etwas ausgeben, das seinem Fortschritt abträglich ist; bei all diesen Austauschmanövern verliert jedoch höchstens der Mensch an Wert, nicht das Geld. So, wie die Sonne sowohl auf die Gerechten als auch auf die Ungerechten scheint, geht Geld zur Erfüllung seiner Aufgabe durch würdige wie auch durch unwürdige Hände. Es ist zum Tauschobjekt bestimmt, und zwar ohne darüber nachzudenken, in wessen Hände es gerät. Diese Entscheidung überlässt es dem, der es ausgibt, und begibt sich vergnügt auf die Reise, ohne dadurch etwas von seinem Selbstwert zu verlieren, dass es sich selbst hergibt.

Geld wurde erfunden, damit das Bedürfnis nach Tausch befriedigt werden konnte, und diesem Zweck dient es in „jeder Hinsicht". Ganz gleich, welche Einstellung wir zu Geld haben: Das Geld bleibt seiner Natur treu, solange es von seinem Meister gebraucht wird, dem Menschen. Wenn wir es versäumen, beim Tausch den vollen Gegenwert zu geben, haben wir das erfolgreiche Gesetz hinter der Idee nicht verstanden. Geld repräsentiert eine Dienstleistung. Sein Wert ist abhängig von der Wertschätzung, die Menschen ihm entgegenbringen, seine Form soll einen möglichst einfachen Tausch gewährleisten. Sobald wir bei einer nützlichen Dienstleistung unser Bestes geben – ohne dabei an uns selbst zu denken – und uns nur auf die Freude des Gebens konzentrieren, nicht auf unseren Gewinn, stellen wir fest, dass unser Ziel und der Zweck des Geldes verschmolzen sind und wir in Rechtschaffenheit und im Geiste des ewig Guten zusammenkommen.

Ich höre so oft Menschen sagen: „Ich gebe schon, manchmal bis es weh tut, aber ich sehe nur selten ein Zeichen von einer Gegenleistung.“ Es gibt eine richtige und eine falsche Art des Gebens. Es gibt ein unbedachtes Geben aus einem Impuls heraus und ein umsichtiges, überlegtes Geben. Wenn wir einer Person oder einer Gruppe von Personen etwas geben und damit einen Fortschritt hemmen, verschwenden wir unsere Mittel. Geben wir jemandem etwas, der sich nicht selbst mit aller Kraft um eine Besserung seiner Lage bemüht, können wir keine gute Rückwirkung erwarten.

Die Natur unterstützt keinen Parasiten oder Faulpelz, sie gibt ihre Energie denjenigen, die sich vorwärts kämpfen. Sie zeigt dem Parasiten und dem Faulpelz, dass sie helfen wird, wenn sie sich darum bemühen, sich selbst zu helfen. Und wenn wir einen Faulpelz in der Situation, in der er sich befindet, unterstützen, wie können wir dafür irgendeine gute Gegenleistung erwarten? Es ist eher damit zu rechnen, dass der Faulpelz arrogant wird und immer mehr Unterstützung von uns fordert, bis wir uns fragen, wo und wann das enden wird.

Eine Frau schenkte ihrer Tochter zu deren Hochzeit ein voll eingerichtetes Haus und brachte den Schwiegersohn in einem guten Geschäft unter. Das Geschäft verschlang von Jahr zu Jahr immer mehr Geld, damit es fortgeführt werden konnte, und sie gab ihm weiter von ihrem Vermögen, bis es fast erschöpft war. Als sie nur noch ein kleines Einkommen hatte und in einem Zimmer wohnte, wollte sie wissen, warum sie für ihre Großzügigkeit nicht gepriesen wurde. Sie hatte, wie sie dachte, ihr Bestes gegeben, dafür aber nur Verluste und bittere Worte geerntet. Der Schwiegersohn forderte immer mehr Hilfe, bis sie nichts mehr geben konnte. Da war sie in seinem Haus nicht mehr willkommen und sollte gehen. Ihr Fehler lag in ihrer Einschätzung. Sie war genauso schuld wie der abhängige Sohn, weil sie sein Scheitern mit verursacht hatte. Ich empfahl ihr, sich von dem jungen Paar fern zu halten, damit es sich selbst bewähren konnte. Ich war sicher, sie würden zu sich finden. Sie folgte meinem Rat, und innerhalb eines Jahres hatte der junge Mann das Geschäft so weit, dass es schwarze Zahlen schrieb. Zum ersten Mal brachte es Gewinn. Zu Hause hatte sich das Leben wieder normalisiert, und alle waren glücklicher, weil ihre Bemühungen in die richtigen Kanäle gelenkt wurden. Der junge Mann war stolz auf seine Leistungen, die es ihm ermöglichten, aufgrund seiner eigenen Verdienste Gutes zu leisten. Eine praktische Anwendung des Gesetzes besteht also darin, dass demjenigen, der bemüht ist, selbst sein Bestes zu geben, Hilfe angeboten werden kann. Aber unterstützen Sie nie jemanden, der nicht selbst sein Bestes gibt oder dies zumindest versucht. Ein solcher Mensch wird nicht nur Ihr Geschenk missbrauchen, sondern Sie noch beschimpfen, wenn Sie ihm nicht mehr helfen.

Jesus gab immer dort, wo Er am ehesten Gutes damit bewirken konnte. Er speiste das Volk, weil es um das Gute bemüht war, nicht weil es um Essen gebettelt hatte. Es gibt keinerlei Hinweis darauf, dass Er jemandem auch nur einen Gedanken widmete, wenn dieser sich nicht selbst um Besserung und Wachstum bemühte. Er warnte die anderen vor unbedachtem

Geben: „Und eure Perlen sollt ihr nicht vor die Säue werfen, damit die sie nicht zertreten mit ihren Füßen und sich umwenden und euch zerreißen." (Matth. 7, 6) Er meinte damit ganz einfach, dass man seine Mittel nicht jemandem geben soll, der sie weder zu würdigen noch nutzbringend anzuwenden weiß. Es wäre genauso töricht, wie wenn man einem Kind eine geladene Waffe gibt und erwartet, dass es die Gefahr ebenso gut erkennen kann wie man selbst. Früher oder später würde das Kind aus Unkenntnis entweder jemanden verletzen oder zum Leidwesen aller Betroffenen selbst verletzt werden. Man kann nicht etwas auf dem Nichts aufbauen und dafür eine Gegenleistung erwarten. Wenn Ihrer Gabe nicht irgendein Sinn zugrunde liegt, sei er auch noch so unbedeutend, dann vergeuden Sie Ihre Perlen und verschwenden Ihre Mittel.

Viele sind der Meinung, dass das Zahlen des „Zehnten" eine wirksame Form des Gebens ist, doch ein kritisches Gemüt überlegt: Warum sollte das Zahlen des „Zehnten" überzeugender sein als jede andere Form des Gebens? Es ist wirksamer, weil man das Gesetz von Geben und Nehmen in einer definierten, geordneten bzw. systematischen Form des Gebens berührt. Man stellt einen genau festgelegten Plan auf, wer wie viel zu geben hat, wodurch man einen gleichmäßigen Fluss von Leistung und Gegenleistung erzielt. Wenn jemand sporadisch oder gelegentlich gibt, so kommt auch das Gute nur unregelmäßig und unzuverlässig auf ihn zurück. Nach einer wissenschaftlichen Untersuchung gibt das Zahlen des „Zehnten" dem Menschen Selbstsicherheit und Vertrauen, was ihm dazu verhilft, eine positive Geisteshaltung zu entwickeln, die Erfolg anzieht. Andere sagen, dass man dem Zehnten bereits ein bestimmtes Vertrauen entgegenbringt, indem man bereit ist, ein Teil seines Geldes auf diese Weise auszugeben. Das macht ihn zu einer positiven Sache, die nur zu positiven und beachtlichen Resultaten führen kann. Dann gibt es welche, die den „Zehnten" aus religiöser Sicht betrachten und der Meinung sind, der Schöpfer sei ihr Partner, dem sie mit dem Zehntel ihrer Einnahmen nur Seinen Anteil zahlen. Manche begehen im Zusammenhang mit dem „Zehnten" den Fehler, dass sie ihn aus eigennützigen Profitgründen geben oder ein Geschäft daraus machen. Denken Sie daran, es ist nicht das Geld, das Sie geben, sondern der Gedanke an die Rückwirkung auf das Geben, das so entscheidend ist. Wenn Sie Geld geben und dabei nur an ein Geschäft denken, dann ist Ihr Geist nicht frei; deshalb kann auch Ihre Rückwirkung nicht frei und ungehindert fließen. Der „Zehnte", egal, was man darüber denkt, wenn man überhaupt denkt, kann den Menschen mit dem Gesetz des Gebens in Einklang bringen, und sein Lohn wird dem Grade seiner Ehrlichkeit, Aufrichtigkeit und dem Geist seiner Gabe entsprechen.

Jesus lobte und pries die Witwe, die alles, auch ihren letzten Heller, in die Opferbüchse gab, kritisierte jedoch den reichen Mann, der seine Säcke voll Gold anbot. Warum glauben Sie, machte Er in diesem Fall eine Ausnahme und pries die geringe Gabe der Witwe? Er wusste, dass das Gesetz des Gebens zum Tragen kam: Es war der Geist ihrer Gabe, der Sein Lobpreis veranlasste.

Als John D. Rockefeller noch ein armer Junge war, konnte er das Gesetz schon früh in seinem Leben anwenden. Sobald er sein erstes Geld verdiente, machte er Aufzeichnungen über seine Ausgaben und Einnahmen. Sein ganzes Leben lang führte er ein Kontenbuch. Es ist bekannt, dass er mehr als eine halbe Milliarde Dollar ausgegeben hat. Vielleicht können wir uns ein Urteil bilden, warum er so viel bekam, was er wieder ausgeben konnte.

Es bleibt für uns jedoch nicht beim Geben – damit ist nicht alles getan. Unser nächster Schritt besteht darin, dass wir uns darauf vorbereiten, die Antwort bzw. Rückwirkung auf unser Geben anzunehmen – und zwar, wie das Gesetz sagt, „ein volles, gedrücktes, gerütteltes und überfließendes Maß". (Lukas 6, 38) Das ist der interessanteste Teil, weil unsere Vorbereitung unseren aktiven Glauben widerspiegelt. Anstatt im Schaukelstuhl zu sitzen und zu warten, bereiten wir uns vor und sind tätig. Das wiederum erweitert unseren Blick. Unser Interesse wird geweckt, unsere Zweifel und Befürchtungen zerstreut und unsere Aufnahmefähigkeit erhöht. Der Prophet Elias liefert dazu ein klares Beispiel. Zu ihm kamen drei Könige, die ihn baten, für sie zu beten, auf dass sie im Kampf siegreich wären. Auch wünschten sie sich Regen für die Versorgung ihrer Soldaten und Tiere. Elias forderte die Könige auf, zu ihren Lagern zurückzukehren und sich auf den nächsten Tag vorzubereiten. Sie sollten sich auf das erbetene Wasser vorbereiten, indem sie Gräben aushoben. Wenn Sie jemals in der Wüste waren, werden Sie wissen, wie töricht es ist, im Sand Gräben auszuheben und zu erwarten, dass es regnen werde. Die Könige aber taten, was ihnen aufgetragen worden war. Sie bereiteten sich auf den Regen vor, indem sie Gräben aushoben. Die Wolken ballten sich zusammen, es regnete und die Gräben füllten sich. Die Menschen und ihre Tiere waren zufrieden, ihr Durst war gestillt; und weil sie gestärkt in den Kampf zogen, waren sie siegreich. Weil Elias das Gesetz kannte, wies er sie an, wie sie sich vorbereiten sollten, und machte ihnen das Annehmen leicht.

Der Schlüssel zu dem Gesetz liegt also darin, *dass wir beständig das für unser Leben anziehen, was wir geben und erwarten.* Ob wir Gutes oder Schlechtes anziehen, wird durch dasselbe Prinzip bestimmt. Sie haben sicherlich schon einmal – vor allem, wenn eine unangenehme Situation eingetreten war – den Ausspruch getan: „Oh, ja, genau das hatte ich erwartet." Sie haben den Umstand herausgefordert, nur weil Sie an ihn dachten und ihn erwarteten. Sie können auf der Grundlage desselben Prinzips auch erwarten, dass etwas Gutes geschieht, und durch die Art Ihrer Vorbereitung dazu beitragen, dass es geschehen kann.

Demonstrationen sind oft deshalb erfolglos, weil wir unsere Erwartungen nicht zwingen, mit unseren Wünschen Schritt zu halten. Oft wünschen wir etwas und erwarten in unserem Herzen etwas anderes, was Verwirrung hervorruft. Der Meister sprach: „Ein jegliches Haus, so es mit sich selbst uneins wird, kann's nicht bestehen." (Matth. 12, 25) Ohne klare Haltung gibt es keine Kooperation und keine vereinte Kraft, die die erforderliche Stärke anziehen kann. Fördernde geistige Schwingungen vertreiben alle Wolken von Zweifel und Angst durch die zuversichtliche Erwartung, dass alles in Ordnung kommen wird. Sie nutzen ein Gesetz, das alle Angelegenheiten in Ordnung bringen kann und wird. Darin liegt eine Kraft, die weitaus stärker ist als jede Schwierigkeit, auf die Sie jemals stoßen können. Diese Kraft wird es niemals versäumen, Ihnen durch eine schwierige Situation hindurchzuhelfen.

Vielleicht fragen Sie: „Kann ich Dinge ersehnen, die noch nicht für mich vorgesehen sind? Kann ich zu viel vom Gesetz verlangen? Wird das Gesetz Dinge zurückhalten, die nicht gut für mich sind?" Wahre Sehnsucht ist die Triebkraft des Lebens, die Suche nach einer erweiterten Ausdrucksmöglichkeit. Sie wird durch das beständige Warten auf Erfüllung am Leben gehalten. Wir erkennen dabei Möglichkeiten, wie sich das Erwartete zeigen kann. Das Prinzip besagt: „Man spürt erst das Verlangen, wenn das Angebot da ist." Ein Mensch kann sich eines Bedürfnisses oder Wunsches erst bewusst sein, wenn die Möglichkeit seiner Erfüllung existiert. Ihr Gebet, Ihr Wunsch und Ihr inneres Verlangen sind wie ein Magnet, und je stärker diese sind, desto stärker ist auch Ihr Magnet und damit seine Anziehungskraft. Sie können nicht zu viel vom Gesetz fordern, weil es unbegrenzt und die Fülle unerschöpflich ist. Sie werden nur das bekommen, was Sie sich vorstellen, was Sie verstehen können. Sie können nur den Gegenwert für das bekommen, was Sie gegeben haben. Das Gesetz hält ebenso wenig irgendetwas zurück wie die Mathematik ihre Zahlen. Es kann sein, dass Sie Dinge empfangen, die nicht gut erscheinen, und doch kann das Gute durch sie kommen, wie bei Fehlern in der Mathematik. Wenn Sie viele Fehler machen, können Sie das Gesetz besser verstehen, indem Sie diese Fehler berichtigen. Wenn Sie eine oder mehrere Korrekturen vorgenommen haben, werden Sie den gleichen Fehler nie mehr wiederholen. In diesem Sinne hat Ihnen das Gesetz gut gedient und Ihnen zu größerem Wissen verholfen.

„Einen fröhlichen Geber hat Gott lieb." (2. Kor. 9, 7) Das Gesetz dient dem, der großzügig und bereitwillig gibt. Was immer Sie geben, geben Sie es freimütig und gerne. Geben Sie es, ohne damit Verpflichtungen oder Vorgaben zu verbinden, so wird es frei von jeglichen Verpflichtungen oder Restriktionen zu Ihnen zurückkehren.

Wer viel gibt, erhält viel. Wenn Sie Ihr Bestes geben, erhalten Sie das Beste in dem Maße, wie Sie es gegeben haben. Der Grund dafür, dass so viele Menschen wenig erhalten, liegt darin, dass sie so wenig geben. Sie sind von Armut betroffen, weil sie sich weigern zu geben. Was für Besitztümer Sie auch haben, geben Sie und geben Sie reichlich. Sie sollen von Ihrem Leben geben, von Ihrem Interesse, Ihrer Energie, Ihren Gedanken, Fähigkeiten, Ihrer Liebe, Wertschätzung und Hilfsbereitschaft. Indem Sie von Ihrem Leben, Ihren Gedanken und Ihrer Liebe geben, indem Sie das, wozu Sie aufgefordert wurden, gerne und gut machen, bringen Sie Ihr Bestes zum Ausdruck, und je mehr Sie geben, desto mehr erhalten Sie. Das heißt nicht, dass Sie den Egoistischen und Unbekümmerten geben sollen, aber Sie sollten Ihr Leben so einrichten, dass Ihre Energien, Fähigkeiten und Talente in einem nützlichen Leben voll und ganz zum Einsatz kommen. Wenn heute Ihre Fähigkeiten geringfügig und Ihre Kräfte unbedeutend sind, sollten Sie jetzt damit beginnen, sie gründlicher zu nutzen, und dann werden sie wachsen.

Erinnern Sie sich an das Gleichnis von dem Meister, der seinen Knechten Pfunde anvertraut hatte – dem einen eines, dem anderen zwei, drei oder noch mehr – die sie ihren Fähigkeiten entsprechend sinnvoll verwenden sollten. Es herrschte größere Freude im Himmel über den, der nur ein Talent bekommen, es aber gut genutzt hatte, als über die, denen viele Talente gegeben waren, die jedoch keinen sinnvollen Gebrauch davon gemacht hatten. Folglich nahm der Knecht mit dem einen Talent die höhere Stellung ein. Anders ausgedrückt, wird derjenige, der von dem, was er hat, vollen Gebrauch macht, immer noch mehr bekommen, denn „mit welcherlei Maß ihr messt, wird man euch wieder messen". (Mark. 4, 24) Das ist der Weg des Wachstums. Das ist das Geheimnis bei dem Gesetz des Gebens.

Wenn die Geschäftswelt das Bereitstellen von Leistungen als Grundlage für Erfolg und Fortschritt anerkennt, können wir dann nicht auch dieselbe Wahrheit für das Geschäft unseres Lebens anerkennen? Das ist kein religiöser Vorwand; das entspricht der Logik bzw. dem normalen gesunden Menschenverstand, denn wenn das Gesetz auf einem Gebiet funktioniert, so natürlich auch auf allen anderen Gebieten, wo auch immer wir es anwenden wollen.

Was immer Sie sich in Bezug auf Gesundheit, Erfolg, Glück, Reichtum oder Macht wünschen – bringen Sie es auf den Weg, indem Sie sich genau so verhalten. Das Gesetz funktioniert. Die Ergebnisse sind zuverlässig, da ein natürliches Prinzip beteiligt ist. Beginnen Sie ohne Zweifel und Furcht, sich all das Gute sehnlich zu *wünschen* und zu *erwarten*, was Sie verwirklichen, nutzen und genießen können. Wenn der Geist eines Menschen so selbstlos wird, dass er sich ganz dem Gesetz überlässt, so ist er neu geboren; denn seine Haltung gegenüber dem Gesetz, sich selbst und seinen Mitmenschen hat sich verändert, und seine Lebensverhältnisse haben sich der neuen Qualität seiner Gedanken angepasst.

Geben

Haben wollte er erreichen,
doch blieben seine Lager karg.
Wollt' einen weisen Mann erweichen
mit schrill und gierig Stimme arg:
„Ach, sag mir, wie kann ich erfolgreich leben?"
Der weise Mann zu ihm nur sprach:
„Um zu haben, musst du geben."

Zum Geben sagte er in seiner Not:
„Was kann ich denn schon geben?
Ich hab' doch selber kaum das Brot,
um irgendwie zu leben.
Die Fülle, die das Leben hat, die möcht' ich auch erringen."
Da sprach der weise Mann:
„Dann musst du dich noch mehr bezwingen."
Das Leben lehrte ihn, das Haben zu vergessen.
Er wandte sich den Menschen zu
mit Liebe, die er vorher nie besessen.
Da er sich selbst nun gab ohn' Rast und Ruh,
ward Freude seiner Tage Lohn,
ward reich er nun im Geben.

Arthur William Beer

6 *Das Gesetz des Wachstums*

„Alles, was Odem hat, lobe den Herrn (das Gesetz). Oh, lobe den Herrn.“
(Psalm 150)

Jeder hat wohl, denke ich, die wunderbare Geschichte von Aladin und seiner Wunderlampe gelesen oder gehört; wie ein kleiner Junge zufällig auf den kleinen dienstbaren Geist stieß, durch den er die staubige alte Lampe fand. Es war eine Wunderlampe, und wenn er energisch an ihr rieb, erschien ein kleines Männchen aus einer Wolke vor ihm und fragte nach seinen Wünschen. Als Kinder haben wir immer von Feen und den wunderbaren Dingen geträumt, die wir im Leben haben wollten. Die meisten unserer Träume sind allerdings Träume geblieben, weil wir nichts an unserer Situation ändern konnten.

In Wahrheit glauben wir vielleicht nicht an Feen, aber wir wissen, dass es ein Prinzip gibt, welches der Wunderlampe entspricht. Nein, es ist nichts Materielles, das wir herumtragen und woran wir reiben können, damit ein kleines Männlein erscheint, das tut, was wir wollen. Es ist ein Verständnis, das uns befähigt, das Gesetz besser zu nutzen, und indem wir es nutzen, beleben wir das Gute in uns und erreichen viel für unser Wohlbefinden und Glück, das uns wie Magie oder wie ein Wunder erscheint. Dieses Verständnis zeigt sich darin, dass wir Gott, das Gesetz, lobpreisen für das, was wir uns wünschen. Und stets wird dadurch die Erfüllung dieses Wunsches in einem fast magischen Ausmaß beschleunigt.

Diese Methode ist natürlich nicht neu. In der Bibel wird sie durchgehend angewendet. Lobpreisung war schon immer eine übliche Methode, um die Aufmerksamkeit, die Gunst und den Segen des Gesetzes zu erhalten, ganz gleich, in welcher Form man daran glaubte. Wir haben gelernt, dass die Menschen in frühgeschichtlicher Zeit ihre Opfergaben auf den Altar legten, um Jehova günstig zu stimmen. Im Anschluss daran brachten sie ihre Lobpreisung in Gesang und Zeremonie zum Ausdruck, in dem Glauben, dass sie dadurch begünstigt und ihre Gebete erhört würden. Lesen Sie das Lied des Moses und erkennen Sie seine Struktur. Lesen Sie vom Fall Jerichos und erkennen Sie die Vorgehensweise der Menschen, die so lange um die Stadtmauern herum marschierten, bis diese zerbröckelten und einstürzten und sie die Stadt eroberten. Lesen Sie den letzten Psalm Davids und denken Sie dabei daran, dass er seit Ewigkeiten von Menschen jüdischen Glaubens verwendet wird und sich über die Jahrhunderte als äußerst wirkungsvoll erwies. Nicht das Singen von Liedern oder das Blasen von Posaunen kann die Dinge bewirken, für die Sie beten; auch schenkt Ihnen Gott nicht plötzlich Seine Gunst dafür. Die Auswirkung Ihrer Bemühungen beeinflusst in keiner Weise das Gesetz, doch Sie werden dadurch beeinflusst. Sie werden hoch emporgehoben, nehmen unbewusst Fühlung auf mit dem Gesetz und erhalten seinen Segen. Was zunächst eine unbewusste Handlung oder zufällige Praktik war, kann zu einer anerkannten Tatsache und einem natürlichen Mittel zur Förderung des Guten in Ihnen werden. Wenn jemand die einfache Methode der Lobpreisung lernt, wird das allein schon das Gute in ihm fördern und verstärken. Jesus sagte: „So ihr Glauben habt wie ein Senfkorn, so mögt ihr sagen zu diesem Berge: Hebe dich von hinnen dorthin! so wird er sich heben; und euch wird nichts unmöglich sein." (Matth. 17, 20) Wenn jemand die Macht der Lobpreisung erkennt, kann auch er Derartiges bewirken. Lobpreis und Glaube ergänzen sich. Glaube ist Weisheit und Verständnis, während der Lobpreis die Anwendung dieses Verständnisses ist. Glaube ist der Dampfkessel, der den Stoff enthält, aus dem die Macht besteht, und Lobpreis ist der Brennstoff, der diese Macht in eine aktive Kraft umwandelt. Wenn Sie beständig auf Ihren Dampfkessel aufpassen müssen und insbesondere auf den Brennstoff, mit dem er angetrieben wird, damit Sie das Beste aus ihm herausholen können, dann ist der Brennstoff ein ganz wichtiger Teil des Mechanismus. Dementsprechend ist Glaube ohne Lobpreis nichts als ein kalter Dampferzeuger, eine untätige Maschine. Vielleicht ist es nett, sie anzusehen oder über sie zu sprechen, aber sie hat erst dann einen Wert, wenn sie in Bewegung versetzt wird und Dampf erzeugt. Lobpreisung ist ein Stimulans des Geistes. Sie beschleunigt das Gebet, zieht all das Gute um Sie herum wie magnetisch an und verwandelt dieses Gute in verwertbare, sichtbare Substanz.

Eine Frau weinte bitterlich und betete tränenreich zu Gott um ihre Erlösung. Der Meister hörte sie, beruhigte sie und fragte: „Ist dein Gott ein Gott der Tränen, der Angst und Pein?" O nein, Gott spendet Freude und Frieden, Glück und Liebe. Sie wollen Frieden und Freude, und doch beten Sie unter Tränen zu Ihrem Vater. Wenn Sie schwarz haben möchten, bitten Sie dann um weiß? Wenn Sie um einen Fisch bitten, erwarten Sie dann eine Schlange? Wenn Sie um Brot bitten, erwarten Sie dann einen Stein? Man kann nur bekommen, was man erwartet, da das unveränderliche Gesetz immer bemüht ist, Sie zu versorgen. Flehen, Bitten, Betteln oder Traurigkeit sollten niemals Grundlage eines Gebetes sein. Es sollte getragen sein von Bereitschaft, Entschlossenheit, Lobpreis und freudevoller Danksagung.

Lobpreis ist ein Weg des Gebets, durch den sich das Gesetz des Geistes zum Ausdruck bringt. Lobpreis ist eine breite Straße, während alle anderen Formen nur kleine Zufahrtswege darstellen. Durch dieses inhärente Gesetz öffnet sich der Mensch beim Lobpreisen nach oben – gegenüber seinem Gott. Er erhebt sein Bewusstsein in ein höheres Reich und wird dadurch zu einem besseren Kanal, über den er das Gute empfangen kann, das schon darauf wartet, zu ihm zu kommen. Lobpreis öffnet eine kleine Tür in seinem Geist, die ihm eine Annäherung an Gott und die Einstimmung auf die göttlichen Kräfte in sich und um sich herum ermöglicht. Lobpreis ist der kürzeste Weg, um eine Äußerung abzuschließen, und die schnellste Möglichkeit, um mit einem Gebet etwas zu bewirken. Lobpreis erweitert den Geist und öffnet ihn nach oben hin, während das Gegenteil, die Verurteilung, einengt und beschränkt.

Die gesamte Schöpfung reagiert auf Lobpreis und freut sich darüber. Vielleicht haben Sie schon einmal gesehen, wie ein Trainer seinen Schützlingen nach vollbrachter Leistung auf die Schulter klopft oder ihnen einen kleinen Leckerbissen gibt, den sie besonders mögen. Dieser Mann weiß Bescheid, wie man das Gesetz anwendet und das Beste aus seinen Schützlingen herausholen kann, die dadurch Bestleistungen erzielen. Sie haben vielleicht bemerkt, wie Kinder vor Freude strahlen, wenn sie Auszeichnung und Lob erhalten. Wer Ärger mit seinen Untergebenen hat, kann viel lernen, wenn er diese Methode anwendet, und wird einen großen Unterschied in der Qualität und Quantität der erzielten Leistung feststellen.

Sicherlich haben Sie dieses Gesetz im Zusammenhang mit Ihren eigenen Angelegenheiten schon erlebt. Ist es Ihnen schon einmal passiert, dass jemand Ihre Bemühungen verurteilte und kritisierte, obwohl Sie alles daran setzten, es recht zu machen? Hätten Sie sich nicht am liebsten in Ihr Schneckenhaus verkrochen? Vielleicht hätten Sie die Arbeit auch am liebsten hingeworfen und sie jemand anderem überlassen? Zumindest hat eine solche Erfahrung Ihr Interesse und Ihren Eifer gedämpft und nicht den Wunsch in Ihnen erweckt, es besser zu machen. So reagiert man, wenn das Gesetz umgekehrt wird. Wenn Sie jedoch für Ihre Anstrengungen gelobt werden, fühlen Sie sich, als würden Sie wachsen, und Sie möchten gerne besser werden, bemühen sich noch mehr darum, möglichst perfekt zu sein. Aufgrund dieser Freude steigt auch Ihr Interesse, und durch Ihre Freude tragen Sie auch Freude in Ihre Arbeit und Ihre Umgebung. Es ist eine allgemein bekannte Tatsache, dass selbst Pflanzen auf Lob reagieren. Auch ich habe erlebt, wie Blumen durch Lob ein längeres Leben und größere Schönheit erhielten.

Wenn wir gelobt werden oder uns selbst loben, gibt es eine physische Reaktion in unserem Körper. Nach Aussage von Medizinern reagieren unsere Körperzellen auf das Gesetz. Sie scheinen es zu wissen und ihre Kraft, Kapazität und sogar ihre Intelligenz zu erweitern. Wir wissen natürlich, dass diese Erweiterung vom Geist verursacht wird, welcher auf jede Zelle einwirkt.

Es gibt einen unsichtbaren Äther, auf den unsere Gedanken wirken. So, wie Wasser Energie erzeugt, wenn es erwärmt wird, und zu Eis erstarrt, wenn es gekühlt wird, spiegelt sich das Gesetz des Geistes in dem Gesetz der Physik wider. Wenn wir es auch nicht wahrnehmen oder völlig verstehen können, bewegen sich unsere Gedanken doch beständig in diesem unsichtbaren Äther und gewinnen oder verlieren an Macht und Einfluss. Wenn wir Gottes – des Gesetzes – Fülle und Reichtum preisen, erhalten unsere Gedanken in dieser feineren Sphäre eine außerordentliche Kraftzufuhr. Diese Verstärkung beeinflusst uns, indem sie sich in all dem widerspiegelt, was unser Geist und unsere Hände berühren. Wenn wir unsere Gedanken durch Angst, Kritik und Klage einengen, wird diese Einschränkung sichtbar, und die Ergebnisse unserer Bemühungen werden verzögert oder kommen ganz ins Stocken.

Es wurde nachgewiesen, dass ein schlecht gehendes Geschäft durch eine lobende Einstellung zum Erfolg gebracht werden kann. Vermeintlich verlorene Freunde erneuerten ihre Zuneigung, wenn das Prinzip der Lobpreisung angewandt wurde. Ein Mann erzählte mir, dass er beim Fahren ein knackendes Geräusch im hinteren Teil seines Autos hörte. Er sprach zu seinem Auto und lobte es, dass es ihn sicher und rasch nach Hause bringen werde. Er fuhr auf diese Weise die etwa 50 Kilometer und rollte sicher in seine Einfahrt hinein. Als er sein Auto weiterbewegen wollte, stellte er fest, dass eine Achse gebrochen war. Eine Frau schrieb mir, dass sie ihres alten Teppichs überdrüssig war, der schon bessere Tage gesehen und ihr gute Dienste geleistet hatte. Sie versuchte die Methode des Lobens und sprach freundlich mit dem alten Teppich. Innerhalb weniger Tage hörte sie, dass ein nagelneuer Teppich aus Colorado unterwegs zu ihr sei. Und in der gleichen Woche erhielt sie drei kleinere Läufer, die auch neu waren. Als ihr Mann sah, welche Veränderung der neue Bodenbelag bewirkte, entschied er schnell, dass sie auch eine neue Sitzgruppe brauchten. Alles in allem funktionierte das Gesetz, und indem sie den alten Teppich lobte, bekam sie ein neu möbliertes Wohnzimmer. Ob die Veränderungen nun bei unbelebten Dingen oder bei Menschen eintreten, spielt keine Rolle – die Hauptsache ist, dass die gewünschten Ergebnisse eintreffen. Das Gesetz funktioniert, ohne Unterschiede zu machen.

So gut das Prinzip des Lobes für andere Menschen und Dinge auch ist – auf uns bezogen ist die Wirkung noch stärker – es ist auch unsere Erlösung. Lobpreisung verändert unsere Betrachtungsweise, unsere Gesamtsicht auf das Leben. Während wir in der Vergangenheit unsere Schwächen und Fehler sowie die Defizite anderer suchten, sehen wir das jetzt anders. Wir suchen nach den Leistungen, dem Guten und Schönen, was es wert ist, gepriesen zu werden. Das wiederum hat einen doppelten Effekt: Es bereichert unser menschliches Sein, und wir können Lob, Freude, Mut und Glück gegenüber all denen ausstrahlen, die durch unseren Einfluss berührt werden. Es betrifft unser Inneres derart, dass unser Gedächtnis mit der Zeit alle lobenswerten Gedanken, die zu ihm gesendet wurden, speichert. Dadurch wird ein neues Denkprogramm entwickelt, und schrittweise werden die alten, zerstörenden Gedanken durch neue, aufbauende ersetzt. Es wird uns selbstverständlich, dass wir in Lobpreisungen denken, und schließlich wird unser ganzes Leben all dem Guten ähnlich, das es wert ist, gepriesen zu werden.

Lobpreisung mit dem Herzen ist viel lebendiger und effektiver als Lob, das vom Kopf gesteuert wird oder nur ein Lippenbekenntnis ist. Gott (das Gesetz) lässt sich durch Lob weder schmeicheln noch beeinflussen, wie es bei manchen Menschen vorkommt, die sich durch oberflächliches Lob oder durch Beifall bestimmen lassen. Lob ist nicht für Gott gedacht, sondern nur für den Menschen. Es hilft ihm dabei, sich emporzuschwingen und mit dem Gesetz Gottes in Einklang zu kommen. Lob hebt seinen Bewusstseinsstand, so dass er aufnahmebereiter wird für das Gute, das ihn umgibt, und er über dem Mangel stehen kann. Lob erhöht die Schwingungen des Menschen, fördert seine Regsamkeit, belebt seinen Glauben und bringt ihn mit einem höheren Gedankenreich in Berührung.

Wir haben von den Israeliten einen Brauch übernommen: Wir feiern jedes Jahr ein Erntedankfest, und viele denken, dass das gemacht wird, um unsere Dankbarkeit für das vergangene Jahr zum Ausdruck zu bringen. Wenn Sie einen Moment darüber nachdenken, erkennen Sie gleich, dass das eine Umkehrung des Gesetzes der Lobpreisung ist. Solch eine Dank-Andacht sollte nicht ein RÜCKBLICK, sondern eine VORSCHAU sein. Das heißt, eine wahre Erntedank-Andacht sollte ein Ausdruck unseres Glaubens an das Heute und an die uns bevorstehende Zukunft, nicht aber an die Vergangenheit sein. Viele von uns sind einem immer gleichen Trott verfallen. Wir wollen unsere Bezahlung im Voraus. Wir bieten Lob, wenn unsere Scheunen gut gefüllt sind. Wenn alles gut läuft, sind wir bereit innezuhalten und für unser gnädiges Schicksal zu danken. Jeder kann dankbar sein, wenn er das Geschenk bereits in Händen hält. Wenn die Bedingungen schlecht sind, unsere Ernte mager ist oder Sorge uns bedrängt, dann sind wir geneigt, das Lobpreisen zu vergessen. Wir sind wütend über unsere Misserfolge und werfen Gott vor, uns vernachlässigt zu haben.

Wenn jemand in Anbetracht von Not lobpreisen kann, dann wird die Not bald verschwinden. Das ist kein Versprechen, so ist das Gesetz. Lernen Sie zu lobpreisen, dankbar zu sein für das vorhandene Gute, und damit haben Sie die Wunderlampe des Geistes gefunden. Diese Geisteshaltung fördert nicht nur unsere Wünsche, sie erzeugt auch Vertrauen, stärkt unseren Glauben und verhilft zu einer Gewissheit über die Dinge, die kommen werden. Wer in der Lage ist zu lobpreisen, wenn die Dinge am schlimmsten erscheinen, wird immer die Sonne zum Strahlen bringen. Der Grad unseres Glaubens in das Gesetz und in Gott wird bemessen, bevor wir etwas erhalten, nicht danach. Es ist dieses Maß an Glauben, das bestimmt, was wir erhalten können.

Jesus wusste dies, als Er sagte: „Alles was ihr bittet in eurem Gebet, GLAUBET nur, dass ihr's empfangen werdet, so wird's euch werden." (Mark. 11, 24) Lobpreisen ist dieser Glaube in der Tat, und diese Tat ist in der Gegenwartsform. Sie ist im Heute. Beispiele Seines Wirkens zeigen uns, wie Er Seine Aufgaben anging. In einem Fall wandte Er sich an einen Kranken und fragte ihn: „Glaubst du?" Einen anderen fragte Er: „Begreifest du?" Bei einer seiner größten Herausforderungen, als Er zu dem Grab ging, in dem Sein geliebter Freund Lazarus bestattet war, bediente Er sich derselben Methode. Er stand abseits von den Trauernden, und die ersten Worte Seines Gebets waren: „Vater, ich danke dir, dass du mich erhörst." Wofür kann jemand in einer Situation wie dieser dankbar sein? Aber der Herr wusste, wofür Er dankbar war: für die Antwort auf Seine Bitte, dass Lazarus wieder ins Leben zurückkehren möge. Er rief sofort mit lauter Stimme: „Lazarus, komm heraus", und in der Bibel kann man lesen, dass Lazarus sich in seinen Grabtüchern bewegte und in seinen Körper zurückkehrte. (Joh. 11, 44)

Ein anderes Mal riefen zehn Aussätzige den Herrn an und baten um Heilung. Er wies sie an, sich den Priestern zu zeigen. Später kam einer der Männer zurück und dankte Jesus dafür, dass er rein geworden war. Jesus wandte sich ihm zu und fragte: „Sind ihrer nicht zehn rein geworden? Wo sind aber die neun?" (Lukas 17, 17) Zu dem einen, der das Gesetz erfüllt hatte, sagte er: „Steh auf, geh hin, dein Glaube hat dir geholfen." (Lukas 17, 19) Einer von zehn zeigte seine Bereitwilligkeit, mit einem dankbaren Herzen zurückzukehren. Er wurde für immer geheilt. Viele Lernende vergessen es, ihre Dankbarkeitsbezeugungen zu wiederholen, weil sie zu viel für selbstverständlich ansehen oder weil sie dem Gesetz gegenüber nachlässig werden, nachdem ihnen manches Segensreiche widerfahren ist. Eine der Grundvoraussetzungen des Gesetzes ist, dass wir immer eine Haltung der Lobpreisung und Danksagung aufrechterhalten müssen. Wenn wir hoffen, etwas von dem von Gott gespendeten Guten zu erhalten, müssen wir dafür empfänglich sein, und Lobpreisung ist eines der schlichtesten Mittel, mit dem wir das erreichen. Seien Sie immer dankbar für die kleinsten Dinge, und Sie werden das Größte erhalten. Wir müssen unsere Gedanken immer aufstrebend halten, und Lobpreis ist der Weg dazu. Wenn irgendeine Undankbarkeit in Ihren Gedanken und Ihrem Herzen lauert, lernen Sie sofort den Psalm Davids: „Lobet den Herrn (das Gesetz)". (Psalm 117)

Wenn wir unsere Gedanken mit dem Gesetz Gottes in Einklang bringen, dient uns das Gesetz dementsprechend. Das muss der verstorbene Russel Conwell vom Baptistentempel in Philadelphia klar verstanden haben, als er seine Leute aufrief, an einer speziellen Andacht zum Lobpreis mit Gesang und Gebet teilzunehmen. Jeder in seiner Gemeinde, der Gebete für seine Probleme wünschte, sollte kommen und seine Opfer bringen, seinen Namen hinterlassen und seine Notlage erklären. Ein Mann aus ärmlichen Verhältnissen kam und bat darum, den Namen seiner Tochter bekannt zu geben. Sie sei Patientin in einer psychiatrischen Klinik und sollte aus diesem Grund in eine Anstalt gebracht werden. In der Woche nach der Lobpreisungsandacht wollte er seine Tochter im Krankenhaus besuchen und war erstaunt, dass sie zu ihm heruntergebracht und für geheilt erklärt wurde. Eine Frau brachte ihren Schmuck und legte ihn als Opfergabe auf den Altar. Sie hatte ein körperliches Leiden und litt unter quälenden Schmerzen. Sie konnte nicht ohne ihre Krücken laufen. Als sie die Kirche nach der Andacht verließ, stolperte sie und fiel auf den Stufen hin. Als man ihr wieder auf die Füße half, bemerkte sie, dass sie geheilt war. Eine andere Frau, eine Witwe, kam mit einer kleinen Geldsumme und bat darum, dass sie ihr Haus behalten dürfe, das mit einer Hypothek belastet war, wofür die Zahlungen längst überfällig waren. Sie ging nach Hause, und kurze Zeit danach schien es so, als hätte sich alles gegen sie verschworen. Eine undichte Stelle in ihrer Wasserleitung war gebrochen, und sie musste einen Klempner rufen, um sie zu reparieren. Wie sie ihn jemals bezahlen sollte, wusste nur Gott allein. Als der Klempner ein paar Fußbodenleisten für die Reparatur des Lecks löste, fand er eine Büchse voll mit Geld, die ihr Ehemann versteckt hatte, und es war mehr als genug Geld, um die Hypothek und den Klempner zu bezahlen.

All diese Geschehnisse sind wahr und können von jedem wiederholt werden, der sich an das Gesetz hält, wie der gläubige Priester es tat. Das Gesetz kann uns nicht enttäuschen, wenn wir es erfüllen. Lernen Sie, das Gesetz der Lobpreisung auf all das anzuwenden, wofür Sie beten, und Sie werden die Umsetzung sehen. Lobpreis ist zur Tat gewordener Glaube. Ein zuverlässiges Gesetz, das gewissenhaft befolgt wird, wird den Befolgenden immer reich belohnen. Das Gesetz der Lobpreisung wird Sie aus Krankheit zu Wohlbefinden führen, aus Blindheit zu Einsicht, aus Armut zu Reichtum, aus Schwäche zu Kraft, aus Angst zu Mut. Das Gesetz der Lobpreisung wird Sie in der Tat in allen Dingen und auf allen Wegen unterstützen. Beginnen Sie jetzt, das Gesetz zu nutzen.

Sie sagen, Sie hätten nicht viel, womit Sie beginnen könnten. Nun, genauso ging es Jesus, als er fünftausend hungrige Seelen speisen sollte. Er hatte nur fünf Brotlaibe und ein paar Fische, aber damit brachte er etwas zu Wege. Er begann damit, für das wenige, was er vorrätig hatte, zu danken, und reichte es dann weiter. Sie kennen die Geschichte, und der Herr sagte, dass wir das, was Er getan hat, auch tun können, das Gesetz macht keine Ausnahme. Wie kann es uns gelingen? Wenn Sie lernen, das anzunehmen, was Sie haben, und darauf aufzubauen, NICHT mit Missbilligung und Verachtung, sondern mit Lobpreis und Dankbarkeit, dann wirken Sie im Sinne des Gesetzes, und das Gesetz wird für das Wachstum sorgen.

Loben Sie Gott dafür, dass das Gute überall ist.

Das Gesetz der Wechselwirkung 7

„Denn was der Mensch sät,
das wird er ernten."
(Galater 6, 7)

DIE WELT SCHULDET MIR den Lebensunterhalt", hört man Menschen sagen, oft mit einer rücksichtslosen Entschlossenheit, ihren Lebensunterhalt in der für sie einfachsten Art und Weise kassieren zu wollen. Es ist ein üblicher Gesprächsstoff am Kamin, beim Essen, im Radio und sogar eine politische Debatte, ob Herr Soundso noch eine Rente erhalten müsse, damit er mit rund zweihundert Euro monatlich überhaupt leben könne. Deshalb sind solche Aussagen den meisten von uns bereits bekannt, wenn wir sie hören. „Das habe ich nicht verdient" oder „wie ungerecht das Leben mit mir umgesprungen ist" sind übliche Ausdrücke für Niederlagen und Misserfolge. „Warum soll diese Person mehr haben als ich? Ich bin genauso gut wie sie." Immer wieder hören wir solche Bemerkungen.

Den frühen religiösen Lehren zufolge, kann Gerechtigkeit erst in einem anderen Leben erwartet werden. Die Reichen und Mächtigen, von denen man annahm, dass sie die Bösen und Tyrannen waren, würden am Ende unweigerlich ihre Strafe erhalten. Die Armen, Unglücklichen, Elenden aber sollten – wenn sie ihrer Religion und Kirche treu blieben – in ihrem nächsten Leben reichlich belohnt werden. Die Hoffnung auf den Himmel und alles Glänzende wurde ihnen immer vorgehalten als die Hoffnung auf eine Zukunft, welche die Mängel in diesem Leben ausgleichen würde. Doch wer das Gesetz kennt, für den ist eine solche Haltung aus Sicht der Wahrheit inakzeptabel.

Früher oder später müssen wir uns diesem Gesetz der Wechselwirkung stellen. Unweigerlich kommt das Unsrige zu uns – und zwar nur das, was uns zusteht. Wenn wir das Gesetz auf unser Leben anwenden und dabei bestimmte Ergebnisse betrachten, erkennen wir dann einen Ausgleich für die Mühen des Lebens? Sind wir zufrieden mit dem Guten, das wir erhalten? Bekommen wir einen gerechten Ausgleich für unsere Anstrengungen? Sind wir der Meinung, dass das Unsrige wirklich zu uns gekommen ist? Die meisten Menschen sind unzufrieden. Manche gehen sogar so weit zu behaupten, das Leben sei nicht lebenswert. Die überwiegende Mehrheit ist der Ansicht, dass Ungerechtigkeit die Welt im Griff habe und dass vor allem unser ganzes eigenes Leben von Unglück, Krankheit und Armut bestimmt sei.

Wenn wir uns mit den Gesetzen der Wahrheit befassen, können wir lernen, diese so anzuwenden, dass sie all unsere unguten Gedanken und Umstände auflösen. Die Fehler eines Schuljungen entstehen nicht durch seine kluge Anwendung des Gesetzes, sondern als Folge seiner falschen Haltung. Er wird diese Fehler so lange weitermachen, wie er das Gesetz weiterhin falsch anwendet. Seine Fehler werden fortbestehen, bis er sich umstellt und das Gesetz anders nutzt. Er kann nicht das Gesetz verändern, damit dieses sich seinen Fehlern anpasst, sondern er muss seine Anwendung des Gesetzes so ändern, dass es korrekt genutzt wird. Die Gesetze des erfolgreichen Lebens sind identisch mit den Gesetzen der Wissenschaft. Das Angebot und unsere Möglichkeiten sind immer die gleichen und jederzeit verfügbar, wir müssen das Gesetz jedoch anders nutzen, so dass bessere Umstände entstehen als bisher.

Der Zweck dieses Kapitels besteht darin, Ihnen zu zeigen, wie Sie das Gesetz nutzen können, damit Sie sich von dem Ort, an dem Sie sich befinden, entfernen und dahin aufsteigen können, wohin Sie naturgemäß gehören. Der richtige Ort ist da, wo Sie Erfolg und Überfluss genießen können, das ist von der Natur so vorgesehen und vom Gesetz beabsichtigt. Dass Sie diese Dinge nicht erkennen, ist eine Folge Ihrer falschen Einstellung, Ihr Fehler. Das Gesetz braucht sich nicht zu ändern. Erfolg oder Wohlstand müssen nicht erst geschaffen werden, sie sind immer existent. Sie selbst müssen sich jedoch verändern. Dann werden Ihre Angelegenheiten dieser Veränderung folgen. Wo müssen Sie sich ändern? Nun, das Zentrum aller Bewegungen, der Verantwortliche für jegliche Aktivität ist unser Denken. „Der Schlüssel zu jedem Menschen ist sein Denken", sagt Emerson. Warum versuchen Häftlinge, an den Schlüssel des Wärters zu kommen? Damit sie wieder nach draußen, in die Freiheit kommen, und es gibt keinen anderen Weg hinaus. Auch Sie können sich nur mit einem Schlüssel von Ihren Fesseln befreien, und zwar durch die richtige Anwendung Ihres Denkens. Der Schlüssel für ein erfolgreiches Leben ist die richtige Einstellung Ihrer Gedanken. Wenn Ihre Gedanken konstruktiv und korrekt sind, können Sie niemals gefangen bleiben. Sind Sie unzufrieden und unglücklich, dann werden Sie zu etwas Besserem angeregt.

Wenn Sie sich Wohlstand und Erfolg wünschen, sich aber in keiner Weise verändern wollen, wie können Sie dann erwarten, dass sich irgendetwas ändert? Ein Trinker wird niemals geheilt, wenn er nicht beschließt, mit dem Trinken aufzuhören. Sind Sie von einer Gewohnheit besessen, dann können Sie Ihr Leben erst meistern, wenn Sie beschließen, die Gewohnheit abzulegen. Wurden Sie in eine Welt des Mangels und der Beschränkung hineingeboren, so können Sie niemals aus ihr herauswachsen, ohne Ihre Vorstellungen darüber zu ändern. Es gibt außerordentlich viele Menschen, die leben und sterben, ohne jemals etwas anderes kennen gelernt zu haben als das, was ihnen überliefert wurde. Wenn Sie Ihre Sichtweise verändert haben, werden sich auch Ihre Umstände verändern. Erst wenn wir aufhören, eine bestehende Situation als gegeben hinzunehmen, hören wir auch damit auf, sie herbeizuziehen. Die einzige Möglichkeit für uns, bestehende Dinge nicht als unveränderlich zu betrachten, liegt darin, dass wir unsere Haltung zu ihnen verändern.

Haben Sie verschiedene Häuser besucht und sie alle in bestimmter Hinsicht unterschiedlich empfunden? Sie waren gepflegt, ordentlich, sauber, schmuck, hell und freundlich oder langweilig, düster, unordentlich, staubig, wenig einladend. Das Heim ist ein Spiegel des darin herrschenden Geistes. Sein äußeres Erscheinungsbild gestattet Rückschlüsse auf den Geist des Bewohners. Wenn Sie für Erfolg arbeiten, schauen Sie sich einmal Ihre Wohnung an. Wenn Ordnung oberstes Gebot ist, dann muss sie auch Ihr oberstes Anliegen sein. Nein, Mangel an Geld ist niemals eine Entschuldigung für ein unordentliches Heim. Es kann sauber und ordentlich sein, auch wenn man Kartons als Möbel benutzt. Wenn Sie eine bessere Wohnung, eine schönere Umgebung, edlere Möbel haben wollen, dann müssen Sie sich mental genau da ändern, wo Sie sind, um bessere Dinge zu erhalten. Es sind die kleinen Dinge, die zählen, und viele kleine Dinge ergeben etwas Großes. Es ist sinnlos, dass Sie um eine neue Wohnung bitten, wenn Sie sich schon nicht um die jetzige kümmern können.

Ein Ehepaar betrieb ein Fischgeschäft in unserer Nachbarschaft. Es hielt das Geschäft nicht sauber, war wenig zuvorkommend in seinem Umgang mit anderen und lieferte nicht pünktlich. Durch die wiederholten Verluste wurde es entmutigt und verkaufte das Geschäft sowie den Rest an Werten, der noch verblieben war. Das Paar, das das marode Geschäft mitsamt seinen Einrichtungen kaufte, zog ein, krempelte die Ärmel hoch, schrubbte den Raum sauber und verschönerte ihn mit Fliesen. Alles sah ansehnlich und Erfolg versprechend aus. Die beiden holten sofort Aufträge herein, machten sich einen Namen für die Qualität der Waren, ihre Sauberkeit und Höflichkeit. Ungeachtet der früheren Umstände entwickelte sich ihr Geschäft stetig aufwärts, bis es notwendig wurde, einen angrenzenden Raum dazu zu mieten und damit die Verkaufsfläche zu vergrößern. Seither sind einige Jahre vergangen, und diese beiden

Leute haben einen beneidenswerten Erfolg in demselben Geschäft erzielt, in dem andere versagten. Das Gesetz der Wechselwirkung funktioniert immer auf diese Weise.

Wenn Sie Ihre Aufgaben so gut Sie nur können erledigen, oder wenn Sie Ihre Arbeit sorgfältig und gut machen, bringen Sie unfehlbar das Beste zum Ausdruck, das in Ihnen steckt. Anders gesagt: Sie werden fähiger und effizienter. Sie werden besser und zeigen dabei Ihre wachsende Überlegenheit. Und das Gesetz besagt, dass derjenige, der besser wird, das Bessere anzieht und die größeren Aufgaben gestellt bekommt.

Das hier angewandte Prinzip besteht darin, dass man, wenn man für seinen gegenwärtigen Platz zu groß wird, sich etwas Größeres herbeizieht. Man kann erst etwas Besseres anziehen, wenn man selbst innerlich gewachsen ist. Man muss verdienen, was man erhält, sonst kann man es nicht behalten. Wenn jemand es scheinbar doch schafft, so wird es nicht von Dauer sein, weil diese Person entsprechend dem Gesetz der Wechselwirkung den ihr zukommenden Platz erst noch finden muss. Oder, wie es allgemein ausgedrückt wird: „Wie das Wasser wird auch er seinen wahren Pegel finden." oder „Einen guten Mann kann man nicht unten halten." In Wirklichkeit besteht das einzige Hindernis für Ihr Vorwärtskommen in Ihrer eigenen Unfähigkeit. Anders ausgedrückt, wird derjenige, der seinen gegenwärtigen Platz mehr als ausfüllt, früher oder später befördert werden. Gäbe es dieses Prinzip nicht, dann gäbe es weder Fortschritt noch Wachstum, weder Entwicklung noch Evolution.

Wenn das Büro mit Dokumenten, Zeitschriften und Packen von Papier voll gestopft ist, wenn sich die Post auf dem Schreibtisch des Chefs stapelt, manches davon schon eine Woche alt, ist das Büropersonal nachlässig. Das Geschäft spiegelt den Geist der Organisation wider. Die Organisation spiegelt den Geist ihres Chefs wider. An wen wenden wir uns, wenn wir die Fehlerquelle finden wollen? Wir wenden uns an den Chef.

Verändern wir seine Vorstellungen, dann wird sofort die gesamte Organisation umgekrempelt. Verändern wir den Geist des Generals, dann verändert sich die Marschroute sowie das Ziel der gesamten Armee.

Es wäre unrichtig, die Schuld an den eigenen Schwierigkeiten auf die äußeren Bedingungen oder andere Menschen zu schieben. Das Gesetz irrt sich nicht – Sie sind es, die sich irren. Irgendwo in Ihrer Denkweise stoßen Sie auf ein Hindernis. Überprüfen Sie Ihre Ansichten und korrigieren Sie diese; Ihre Ansichten sind verantwortlich für Ihre Umstände – sie formen und verursachen sie. „Kann man denn Trauben lesen von den Dornen oder Feigen von den Disteln?" (Matth. 7, 16) Jesus nahm dieses Gesetz als wichtigsten Gesichtspunkt in Seine Lehre auf. „Bittet, so wird euch gegeben; suchet, so werdet ihr finden; klopfet an, so wird euch aufgetan." (Matth. 7, 7) „Mit dem Maß, mit dem ihr messet, wird man euch messen." (Matth. 7, 2) Und Paulus sagte: „Denn was der Mensch sät, das wird er ernten." (Gal. 6, 7)

Das Gesetz, dass wir ernten, was wir gesät haben, ist von mathematischer Präzision. Jede Erfahrung, die wir durchleben, kommt uns letztlich zugute. Wenn wir das Unangenehme anziehen, geschieht das oft, weil irgendeine inaktive oder vernachlässigte Seite unseres Charakters erweckt und entwickelt werden muss. Aus der Erfahrung lernen wir außerdem, etwas Besseres zu schaffen. Deshalb ist das Maß unserer Zufriedenheit – ganz gleich, auf welchem Gebiet des Lebens wir uns bewegen – größtenteils von unserer Fähigkeit abhängig, die Erfahrungen des Lebens sinnvoll zu nutzen. In jedem Fall wird das Gesetz der Anziehung der Gleichart nur das hervorbringen, was uns für unseren geistigen Aufstieg dienlich ist. Wenn man dieses Gesetz auf einfache Weise interpretiert, muss man feststellen, dass wir das, was wir anziehen, benötigen – was auch immer es sei. Und was wir auch brauchen – es ist immer gut. Das ist die richtige Einstellung, die es zu gewinnen gilt, weil jede Erfahrung für uns nützlich ist und wir lernen müssen, das auch in diesem Licht zu betrachten.

Wenn Sie sich dieser Sichtweise bedienen, kann es passieren, dass Sie nicht immer genau die gewünschten Resultate erzielen, aber Sie werden beständig Ihren Geist und Ihren Charakter in Harmonie, Schönheit und Stärke weiterentwickeln. Denn all Ihre Bemühungen um Verwirklichung eines Ideals sind äußerst hilfreich und entwickeln in Ihnen genau jene Eigenschaften und Vorbedingungen, die Sie sich immer wieder bildlich vor Augen geführt haben. Klares, starkes und positives Denken entlang der Ideallinie ist eine wunderbare Vorbeugung gegen morbide Geisteszustände und negatives Denken, was fehlgeleitete Aktionen und Umstände wie Schwäche, Unglück, Missklang und Schwierigkeiten nach sich ziehen würde. Wenn Sie beständig alles von der besseren Seite her anpacken und das Gute, was es birgt, dafür nutzen, den Fortschritt voranzutreiben, dann widmen Sie Ihre ganze Aufmerksamkeit dem Ideal und befinden sich dadurch im Einklang mit dem Hauptziel des Gesetzes.

Ersetzen Sie alle niederen Gedanken durch höhere Gedanken, böse durch gute, hässliche durch schöne, quälende durch angenehme – so wird es Ihnen allmählich gelingen, keine unguten und verwirrenden Zustände von Übel und Zwietracht mehr entstehen zu lassen. Anders ausgedrückt: Lernen Sie, über alle Menschen, Dinge, Ereignisse und Umstände konstruktiv zu denken. Beurteilen Sie sie aus einer idealen Perspektive heraus. Wenn Sie das tun, verändern Sie Ihr ganzes Leben schrittweise in eine bessere Richtung. Auf diese Weise können Sie beständig Ihr Wohlergehen und geistiges Wachstum fördern. Wenn Sie sich angewöhnen, innerlich nach dem Guten Ausschau zu halten, werden Sie sich zu dem Guten hinbewegen. Und wenn Sie einen höheren und umfassenderen Begriff für das Gute herausbilden, wird dies seinen Niederschlag finden in

Ihren Worten, Handlungen, in Ihrem Charakter, Ihrer Person, Ihren Fähigkeiten, Stärken, Leistungen und Errungenschaften; das heißt, alles in Ihrem Leben verbessert sich als unmittelbares Ergebnis Ihres verbesserten Denkens. Dieser Vorgang bedeutet jedoch nicht, dass Sie das Unrecht im Leben, die leeren Plätze und die nicht entwickelten Seinszustände ignorieren sollen. Sie sollen diese vielmehr richtig durchdenken und noch darüber hinaus denken in Richtung auf das versteckte Gute oder auf das darin enthaltene Prinzip, das immer auf der Suche nach einer höheren und besseren Entsprechung ist. Sie werden deshalb kaum mehr auf destruktive Weise verurteilen und kritisieren; stattdessen werden Sie das Gute aus sich und aus den anderen herausholen sowie überall größere Möglichkeiten entdecken und erschließen.

Was immer wir heute besitzen, ist unsere gerechte Belohnung. Sehr oft macht uns das nicht glücklich, wir sind damit unzufrieden, aber es ist dennoch unser. Diese Tatsache wäre hoffnungslos entmutigend, enthielte sie nicht eine große Wahrheit, die uns lehrt, wie wir uns von jeglichen Schwierigkeiten und allen Einschränkungen befreien, von jeglicher Schuld freisprechen können. Wenn Sie im Leben Erfolg haben wollen, müssen Sie Ihre Gedanken klug voneinander abgrenzen: Sprechen Sie über schwere Zeiten, Geldmangel oder Einschränkungen, dann säen Sie diese Art Samen. Welche Ernte erwartet Sie dann wohl? Wenn ein Bauer Distelsamen aussäte, sich dann aber beschwert, dass auf seinem Feld kein Weizen wächst, dann würden Sie sagen: „So ein Dummkopf! Wusste er nicht, dass er nur das erwarten kann, was er säte?" Stellen Sie nie eine Behauptung auf, egal wie real sie Ihnen erscheint, wenn Sie nicht wollen, dass sie sich in Ihrem Leben nachbildet oder niederschlägt. Sagen Sie nicht, das Geld sei knapp, genau diese Bemerkung sendet das Geld von Ihnen weg. Sagen Sie nicht, die Zeiten seien schwer, das wird Ihren Geldbeutel so fest zuschnüren, dass es selbst dem Höchsten nicht gelingen würde, eine Münze hineinzulegen. Sagen Sie nicht, Sie würden nicht geliebt oder Sie seien am Leben anderer Menschen nicht interessiert. Sie werden bestimmt deren Liebe und Interesse verlieren.

Die geistige Fülle, aus der das Sichtbare kommt, wird niemals erschöpft sein, auch nie knapp werden. Sie ist immer für Sie da. Aus ihrem Born spendet sie Ihnen entsprechend Ihrem Bedarf. Ihr unwissendes oder unbesonnenes Gerede über Mangel und Verlust wird sie nicht beeinflussen. Nur Sie selbst werden beeinflusst, und Sie können Ihre Äußerungen mithilfe Ihrer Gedanken kontrollieren. Die unerschöpfliche Quelle ist bereit zu spenden, darin hat sie keine Wahl. Wenn Sie Ihre Gedanken weiterhin auf diese Fülle lenken, wird sie Ihnen Erfolg bescheren. Richten Sie die Energie Ihres Geistes auf Vorstellungen von Überfluss, Liebe, Glück, Freude und Gesundheit, so werden sie der Reihe nach Einzug halten.

Wenn Sie sich ein schöneres Heim wünschen, dann gestalten Sie das, was Sie haben, so schön wie möglich. Wenn Sie neue Möbel, neue Kleidung haben wollen, verurteilen oder schmälern Sie niemals die vorhandenen, sondern genießen Sie sie in vollen Zügen. Wenn Sie eine Stelle oder eine neue Position haben wollen, bereiten Sie sich darauf vor, diese Position ausfüllen zu können bzw. der, in der Sie sich befinden, noch besser gerecht zu werden. Von da an liegt es nur noch an Ihnen, an Ihrem mangelnden Verständnis oder zu geringen Einsatz, wenn die Ansprüche, die Sie an das Leben stellen, nicht erfüllt werden. Es liegt nicht an etwas Materiellem. Ganz egal, worin Ihr Problem besteht, das Gesetz kann es richten, aber Sie müssen Ihr Denken so einstellen, dass es sich mit dem Gesetz in Einklang befindet. Erwarten Sie nicht, dass Sie in nur wenigen Augenblicken oder nach ein paar Anwendungen die Fülle mit allen Sinnen erfassen können. Ein Baumeister setzt keine wunderbare Spitze oder Kuppel auf eine Ein-Millionen-Euro-Kathedrale, ohne ihr ein solides Fundament gegeben zu haben. Er muss erst eine Tragekonstruktion bauen, die die Spitze oben hält. Er errichtet Mauern und Querstreben, welche die einzelnen Mauern halten sollen, wobei jede Mauer langsam und makellos gebaut wird – Stein auf Stein. Sie müssen erkennen, dass Sie, wenn Sie das Gesetz nutzen, dies Schritt für Schritt tun. Mit jedem Schritt kommen Sie Ihrem Ziel näher.

In Philadelphia prahlte ein Mann damit, dass er erfolgreich sei, er wachse über seine Konkurrenten hinaus, er verdränge sie von der Straße, manche von ihnen sogar aus dem Geschäft. Er gründete sein Geschäft auf Konkurrenz, doch vor kurzem erfuhr ich, sein Geschäft sei so zurückgegangen, dass er gezwungen war, es aufzulösen und in eine kleine Stadt zu ziehen. Das Gesetz der Wechselwirkung arbeitet langsam, aber sicher. Man kann nicht auf der Substanz oder den Werten aufbauen, die ein anderer sich erarbeitete, sondern nur auf dem, was man selbst geschaffen hat. Konkurrenz im Geschäft ist eine Rivalität oder ein Kampf, an dem zwei oder mehr Menschen beteiligt sind. Hier bleibt es nicht bei der Angst, sondern die Konkurrenten kämpfen miteinander, um so viel wie möglich für sich herauszuschlagen. Fürchten Sie nicht, dass Ihr Nachbar mehr vom Leben bekommen könnte als Sie. Versuchen Sie nicht, mit jedem oder um alles zu wetteifern. Es heißt, Konkurrenz sei der Geist des Geschäfts, doch ich glaube nicht, dass Konkurrenz in Form von Rivalität und Unfriede, von Streit, Kampf und Lügen über die anderen und über deren Geschäft Ausdruck des richtigen Geistes ist. Ich weiß, dass es nicht so ist. Anstatt „Konkurrenz“ für den Geist des Geschäfts zu halten, sollten wir lieber von der „Wechselwirkung“ sprechen. Wechselwirkung heißt: Man bekommt für das, was man gibt, gleichwertige Erträge; sie ist also ein Ausgleich für die Qualität oder Leistung, die einem anderen bereitgestellt wurde. Ich bin sicher, wenn Sie Ihr Leben – also Ihr Geschäft – im Sinne der Wechselwirkung und nicht auf der Grundlage von Konkurrenz betreiben, werden Sie es mehr genießen, Ihre Qualität und Ihren Service mit der Qualität und dem Service zu vergleichen, den andere bieten. Je besser Ihre Dienstleistung ist, desto höher ist die Belohnung, desto mehr Geschäft werden Sie anziehen. Wenn Sie diesem Gesetz entsprechend handeln, werden Sie erkennen, dass es die goldene Regel für jedes Leben oder Geschäft ist. Sie werden mit Sicherheit erfolgreich sein, auch wenn es so genannte Konkurrenten gibt, die auf demselben Gebiet Geschäfte machen wollen.

Wenn Sie wenig Erfolg haben, wenn Ihnen etwas Gutes fehlt, sehen Sie sich die Sache genauer an. Die Ursache liegt nicht im Äußeren, sondern irgendwo im Inneren. Erkennen Sie, wo Sie das Gesetz nicht korrekt anwenden oder wo es Ihnen nicht gelingt, richtig zu denken. Es gibt drei Punkte im Alltagsleben, an denen man üblicherweise in eine Falle tappen oder einer Selbsttäuschung erliegen kann.

Erstens: Erwarten Sie etwas ohne Gegenleistung? Fühlen Sie sich gut, zufrieden, wenn Sie etwas erhalten, ohne dafür zu bezahlen? Wenn ja, verletzen Sie das Gesetz. Ihre Erträge werden immer unbefriedigend sein. Egal, wohin Sie gehen, seien Sie bereit, dafür zu bezahlen. Kennen Sie Leute, die sich zurückhalten, wenn sie am Abend zusammen ausgehen und sich bei einer Veranstaltung vergnügen wollen? Sie stehen hinten an und lassen die anderen für die Darbietung bezahlen. Leute wie diese verlieren Hunderte von Euro, weil sie lumpige fünfzig Cent sparen wollen. Die Art ihrer Gedanken weist viel Geld zurück, das sie zu Recht hätten anziehen können. Wenn Sie jemanden wissentlich um einen Euro betrügen, kann dieser Fehler Sie viele Euro kosten.

Zweitens: Jagen Sie nach Dingen, die als billig bezeichnet werden? Sind Sie ein Schnäppchenjäger? Billige Gedanken können nur zu billigen Erträgen führen. Wer auf Schnäppchentage wartet, muss immer Schnäppchen nehmen, aber man darf nicht vergessen, dass es im Leben keine Schnäppchen gibt. Wenn Sie finanziell Profit gemacht haben, haben Sie vielleicht auf anderen Gebieten verloren. Sie versetzen sich selbst in eine Schwingung, die Ihren gegenwärtigen Status verringert. Sie zwingt Sie unter Ihr richtiges Niveau. Ihr Denken wird auf eine Ebene beschränkt, auf der Sie ein Unterbieten, Herabsetzen, Konkurs und Unehrlichkeit seitens des Verkäufers unterstützen. Er muss hinsichtlich des Sonderangebotes oder eines anderen Artikels lügen, betrügen oder schwindeln, da er sein Geschäft betreibt, um einen angemessenen Gewinn zu erzielen. Damit haben Sie Anteil an dem Missbrauch und müssen Ihren Teil der Strafe bezahlen.

Drittens: Geben Sie nur ungern Geld aus? HASSEN SIE ES, IHRE RECHNUNGEN ZU BEZAHLEN? Geben Sie Ihr Geld frohen Mutes aus, auch wenn es der letzte Euro ist, den Sie haben! Entscheiden Sie, wo Ihre Bedürfnisse liegen, und wenn sie mehr wert sind als der Euro in Ihrem Geldbeutel, dann geben Sie den Euro frohgemut aus. Auf diese Weise erfüllen Sie das Gesetz. Oftmals, wenn wir ein niedriges Niveau erreichen, fangen wir an, unser Geld zusammenzuhalten. Wir beginnen uns zurückzuhalten. Das ist so, als würden wir den Wasserhahn zudrehen, mit der Folge, dass nichts mehr zu uns fließen kann. Ich erinnere mich an einen Mann, der mir erzählte, wie er einmal dringend tausend Euro benötigte. Er hatte nur noch einen 10-Euro-Schein in seinem Geldbeutel, an den er sich klammerte wie ein Ertrinkender an einen Strohhalm. Er sagte, er habe ihn tagelang mit sich herumgetragen und Angst gehabt, ihn auszugeben, aus Sorge, Pleite zu gehen. Plötzlich wurde ihm bewusst, dass er sein Vertrauen mehr auf die zehn Euro als auf den wahren Quell alles Guten gesetzt hatte. Er hatte seinen Hahn mit einem läppischen 10-Euro-Schein verstopft, das hatte sich zu einem furchtbaren Hindernis entwickelt. Als er diese Wahrheit erkannte, setzte er sich sofort hin und schickte das

Geld einer Kirche in der Nähe, und nachdem er den Geldschein ausgegeben hatte, begann das Gute auf ihn einzuströmen. Ehe die Woche zu Ende war, hatte er seine tausend Euro erhalten, genug, um seine Verbindlichkeiten in dem Monat zu bezahlen. Und er fügte hinzu: „Seitdem bin ich immer versorgt worden, weil ich meine Lektion gelernt habe."

Das Gesetz entwickelt zwangsläufig seine eigene Genauigkeit als Verhaltensmaßregel. Es ist ein göttliches Gesetz, das keine Übertretung duldet. Es lässt an den Distelpflanzen keine Feigen wachsen. Wenn der Mensch die Gesetze von Harmonie, Gesundheit oder Fülle missbraucht, offenbart sich das im Gesetz der Wechselwirkung.

Wir sind freie Menschen, die selbst wählen können, wie wir in unserem Leben vorgehen wollen. Das Gesetz ist unbegrenzt, und seine Auswirkungen bergen für uns alle Möglichkeiten. Jedes Mal, wenn wir uns für einen guten Gedanken entscheiden, tätigen wir eine gute Investition.

Was hält das Leben heute für Sie bereit? Gesundheit, Glück und Überfluss oder Krankheit, Elend und Mangel? Was immer es ist, es steht Ihnen zu. Es gehört zu Ihnen – zu niemandem sonst. Sie tätigen Ihre Investitionen und genießen täglich die Gewinne oder Verluste. Wenn Sie mit Ihrem Ertrag unzufrieden sind, sollten Sie sinnvollerweise überprüfen, was Sie investiert haben. Es kann nur das zu Ihnen kommen, was Ihnen zusteht, und Sie können sicher sein, dass sich alles, was Ihnen zusteht, auch manifestieren wird. Es liegt in Ihrer Verantwortung, die Ihnen niemand abnehmen kann. Das, was Ihnen bestimmt ist – und nur das – wird Sie erreichen.

„Ich wüte nicht mehr gegen die Zeit oder mein Geschick,
denn, seht, mein Eigenes kommt zu mir zurück."

John Burroughs

8 *Das Gesetz des Nicht-Widerstands*

„Ich aber sage euch, dass ihr nicht widerstreben sollt dem Übel."
(Matthäus 5, 39)

Unser Interesse an diesem Gesetz der Wahrheit ist gerade in der heutigen Zeit äußerst angebracht, da viele ernsthafte Lernende den Eindruck haben, dass es in dieser Welt sehr viele Dinge gibt, denen man offensichtlich nur mit Widerstand begegnen kann. Sünde und Krankheit haben ganz offensichtlich zugenommen, trotz aller Bemühungen, ihnen entgegenzuwirken. Es ist eine falsche und irreführende Vorstellung, durch Widerstand Frieden und Harmonie sichern zu können. Wahre Harmonie kann nicht aus Disharmonie entstehen, Frieden nicht aus Zwietracht. Der Widerstand versagt, weil er sich nicht in Einklang befindet mit Harmonie und Ordnung, welche das Gesetz sind.

Die Lehre des Meisters, dass wir dem Übel nicht widerstreben sollen, erscheint einigen von uns als Widerspruch. Sie scheint im Gegensatz zu den natürlichen Reaktionen des Körpers zu stehen, denn wenn wir auf Widerstand stoßen, so ist es für uns doch ganz normal, dass wir unsere Kräfte anspannen, uns auf unseren gesunden Menschenverstand besinnen und alles in unserer Macht Stehende tun, damit wir das Widerstrebende überlisten und den Widerstand brechen. Wenngleich es uns in gewisser Hinsicht widersprüchlich vorkommt, sofern es sich um die ernsteren Dinge in unserem Leben handelt, so wenden wir dieses Gesetz doch unbewusst im Bereich des Alltäglichen, Materiellen an. Dieses Gesetz trägt so viele andere Bezeichnungen, dass es sich möglicherweise für uns als das eigentliche Grundgesetz des Nicht-Widerstands verborgen hält.

So sprechen wir in unserer Geschäftswelt von Verkaufspsychologie, Service, Kredit, kostenloser Lieferung, Fachberatung und jeder anderen vorstellbaren unterstützenden Maßnahme, die uns dabei helfen wird, die richtigen Töpfe und Pfannen für die Küche, ein Bett in der geeigneten Ausführung und Farbe für das Kinderzimmer, den Stuhl für den Platz am Kamin sowie jene Accessoires zu finden, die wir unbedingt für unser Wohnzimmer benötigen, um damit wirkungsvoll angeben zu können. Es gibt sogar ein Warenhaus, das mit dem Spruch wirbt: WIR HABEN ALLES, WAS ES AUF ERDEN GIBT. Also, ganz gleich, was Sie brauchen, Sie werden es dort finden. Das ist ein gutes Geschäft, werden Sie sagen, und die Geschäftsführer wissen, dass das Geschäft gut läuft, solange sie sich dieses Gesetzes bedienen.

Warum lassen sie wohl die Türen der Geschäfte, in denen Sie einkaufen, weit offen stehen? Sicher nicht, um frische Luft hereinzulassen. Sie tun es, um den Wohlstand zu sich hereinzulassen, ohne extra die Türen öffnen zu müssen. Haben Sie einmal beobachtet, wie viele Menschen durch eine offene Tür gehen und wie viele im Vergleich dazu selbst eine Tür öffnen? Haben Sie sich schon einmal gefragt, warum Billig-Discounter (in den USA z. B. „5 and 10“ oder „25 cents to dollar“) lieber ein Tiefgeschoss als eine erste Etage verwenden? Es ist für die Menschen leichter, nach unten als nach oben zu gehen. Natürlich steigen sie letztendlich die Stufen hinauf, wenn sie wieder zum Ausgang gehen, aber der erste Gedanke der Menschen veranlasst sie dazu hinunterzugehen. Sie werden bemerken, dass diese Psychologie in jeder größeren Firma zur Anwendung kommt. Man beauftragt oft Männer und Frauen damit herauszufinden, auf welche Weise Kunden interessiert und angelockt werden können. Man studiert das Gesetz des Nicht-Widerstands und sucht nach einfachen Möglichkeiten, wie es auf die Öffentlichkeit angewendet werden kann.

Ein Verkäufer sucht nach Mitteln und Wegen für den Verkauf eines Artikels. Er geht auf einen Kunden zu und präsentiert sein Produkt mit Bedacht. Er stellt Vergleiche mit anderen ähnlichen

Produkten an, er lobt sein Produkt und verweist auf alle seine Vorzüge, wobei er gleichzeitig bemüht ist, dass er jedweden Einwand, jegliche Bedenken bei dem Kunden ausschalten kann. So baut er ein offenes Verkaufsgespräch auf und erreicht die Einwilligung des Kunden. Es gelingt ihm, bei dem Kunden bei so vielen Argumenten ein „Ja" abzuholen, dass dieser, ehe er merkt, was er tut, einen Scheck oder Vertrag unterschreibt. Die Kunst des Verkaufens basiert auf dem Gesetz des Nicht-Widerstands. Überall wird es von erfolgreichen Firmen genutzt. Warenhäuser sind eine natürliche Folge der Nutzung dieses Gesetzes. Wenn unsere Großeltern mit ihren Körben einkaufen gingen, mussten sie viele Geschäfte aufsuchen, bis sie alles erledigt hatten. Heute können wir das Telefon benutzen und die Artikel auf unserer Einkaufsliste bestellen – sehr wahrscheinlich alles bei einem Geschäft. Versandhäuser leben davon. Diese Methode ebnet dem Wohlstand den Weg zu ihnen.

Man findet Verkäufer nicht nur als Angestellte von Firmen – jeder ist auf irgendeine Weise ein Verkäufer. Ob wir uns dessen bewusst sind oder nicht, wir verkaufen uns ständig selbst an unsere Freunde, um deren Zustimmung oder Ablehnung zu finden. Wir mühen uns andauernd und wollen uns von unserer besten Seite zeigen, wir wünschen uns innerlich, dass unsere Freunde uns in demselben Licht sehen. Ein junger Mann, der eine bestimmte junge Dame treffen möchte, wird alles nur Erdenkliche versuchen, damit er mit ihr bekannt gemacht wird. Dann wird er sein Bestes geben, alles daransetzen, einen möglichst angenehmen Eindruck zu erwecken. Wozu all diese Extramühe? werden Sie sich fragen. Er möchte es der jungen Dame leicht machen, ihn zu mögen, und bei ihr den Wunsch erwecken, dass sie ihn besser kennen lernen möchte. Er verkauft ihr die Vorstellung, es sei die beste Wahl, wenn sie ihn als Gefährten und Freund hätte. Scheinbar unbewusst nutzt er dabei das Gesetz des Nicht-Widerstands.

Warum zeigt sich dieser junge Mann von seiner besten Seite? Ach, werden Sie sagen, das ist doch ganz natürlich, das ist eine Gewohnheit oder so üblich. Das stimmt zwar, doch wir lassen uns so von Sitte oder Gewohnheit bestimmen, dass bei unserem Bemühen um Wohlstand und gute Gesundheit Momente kommen, in denen wir uns durch diese Macht der Gewohnheit selbst Steine in den Weg legen.

Es gibt einige Menschen, die zwar um Erfolg, Zuwachs oder materiellen Wohlstand bemüht sein mögen, die sich aber zugleich angewöhnt haben, dass sie über harte Zeiten sprechen und diese fürchten. Vielleicht sprechen wir über unseren Nachbarn, kritisieren seine Methode, mit der er es geschafft hat voranzukommen. Vielleicht betrachten wir die Wirtschaftslage mit Sorge und fürchten um unsere Investitionen, unseren Arbeitsplatz, sobald das Wirtschaftsdiagramm eine Abwärtsbewegung erkennen lässt. Wenn wir dies tun, sind wir jedoch außerordentlich dumm, und zwar genauso dumm wie ein Händler, der lang und ausgiebig ankündigte, er werde an einem bestimmten Tag den größten Ausverkauf des Jahres eröffnen, und dann, nachdem alle seine Kunden für die versprochenen Schnäppchen Schlange stehen, die Türen verriegelt und die Leute draußen stehen lässt. Die Kunden halten ihn aufgrund dieses Verhaltens für verrückt oder meinen, er wolle keine Geschäfte machen.

Nun, Sie können von ihm denken, was Sie wollen, aber manche Menschen verhalten sich gelegentlich genauso verrückt, wenn sie sich wünschen, dass Fülle und Wohlstand bei ihnen einkehren möge, sie aber gleichzeitig den Weg dadurch verbauen, dass sie über Armut und Zwietracht sprechen. Ich will das unkommentiert lassen, ich weiß aber, dass sie nie gelernt haben, wie sie in richtiger Weise denken können. Auch verhalten sie sich dem Gesetz gegenüber unklug, wenn sie den Zustrom von Gutem durch schädliches Gerede hemmen. Eine Studentin schrieb mir: „Ich arbeite hart, damit ich gegen meine Einschränkungen ankomme, denn ich habe sie satt." Meine Antwort an sie lautete: „Hören Sie damit auf, gegen Ihre Einschränkungen vorgehen zu wollen, konzentrieren Sie sich ausschließlich auf den Wohlstand." Das Gesetz erwartet von uns, dass wir an den und für die Dinge arbeiten, die wir wollen, ohne dass wir an den oder gegen die Dinge arbeiten, die wir NICHT wollen. Wir sollten uns niemals dazu hinreißen lassen, unsere Zeit, Gedanken und Energie dem zu widmen, was unserer Zielsetzung entgegensteht. Wir bauen damit einen Widerstand auf, der gegen das Gesetz gerichtet ist, und verbauen dem Guten den Weg zu uns. Wie sollen wir dann also für unseren Wohlstand arbeiten? Indem wir keinen Widerstand aufbauen, sondern uns in inneren Einklang mit allem bringen, was mit Wohlstand einhergeht, und indem wir jedes uns zur Verfügung stehende Mittel nutzen, welches es dem Wohlstand erleichtert, dass er zu uns kommen kann.

Wasser ist sehr stark, obgleich es ein Element ist, welches keinerlei Widerstand setzt. Wir können erkennen, wo es das härteste Felsgestein abgetragen hat. Wir beobachten, wie es Dinge mit fortnimmt und dann als reißender Sturzbach hervorbricht. Brücken, Gebäude, Bäume – kaum etwas kann seiner Kraft widerstehen. Doch man bedenke, wie der große Fluss seinen Anfang nimmt. Er beginnt als kleiner Wasserlauf, der sich dahinschlängelt – kaum vergleichbar mit dem großen Fluss, in den er letztlich mündet. Wir beobachten, wie der kleine Bach sich seinen Weg über einen großen Felsbrocken, einen umgestürzten Baum oder eine Ansammlung von Buschwerk, verrotteten Blättern und Ähnlichem bahnt. Lässt er sich durch Hindernisse aufhalten? Wartet er darauf, dass seine Kraft anschwillt, um das Hindernis aus dem Weg räumen zu können? Nein, er interessiert sich wenig für den Felsbrocken oder den Baum, sein Ziel ist vielmehr das Vorwärtskommen, bis er einen größeren Bach, einen Fluss und schließlich den mächtigen Ozean erreicht. Er verschwendet kaum Zeit bei dem Hindernis, sondern arbeitet sich ruhig daran vorbei und eilt dann weiter. Er hat den Drang, auf einen Fluss zu treffen, um zuletzt Teil des mächtigen Meeres zu werden. So können wir sehen, wie der kleine Bach sich in vielen Krümmungen und Windungen voranarbeitet, wobei ihn jede Wendung seinem Ziel näher bringt.

Manche Menschen lernen nicht von der weisen Natur, sondern entwickeln ihre eigene Methode. Wenn sie auf ein Hindernis stoßen, halten sie inne und sammeln Kräfte, damit sie gegen das Hindernis ankämpfen und es beseitigen können. Dieser Widerstand, den sie aufbauen, verursacht Reibung. Reibung verursacht einen Reizzustand und Aufregung. Daher führen viele Menschen ein hartes und aufreibendes Leben. Es ist erschreckend, wie viel menschliche Energie dabei verschwendet wird. In jedem Beruf brechen Menschen zusammen, sie sind verbraucht, wie nutzlos gewordene Maschinen. Dabei ist bedenkenswert, dass die Ursache hierfür nicht die Tätigkeit einer Maschine ist, die sich selbst abnützt und für weitere Verwendung untauglich macht, sondern die Ursache ist REIBUNG. Reibung ist Auflehnung und Widerstand.

Wenn wir kämpfend, opponierend, ablehnend, argumentierend durchs Leben gehen, stoßen wir zwangsläufig auf viele Hindernisse und sind dann sehr wahrscheinlich so damit beschäftigt, diese zu bekämpfen, dass wir unser eigentliches Ziel aus den Augen verlieren. Wenn wir ständig auf den nächsten Widerstand, das nächste Problem fixiert sind, können wir auch viel Gleichartiges erwarten. Wenn wir jedoch dem Hindernis wenig Beachtung schenken und uns stattdessen auf unser angestrebtes Ziel, unsere Sehnsucht konzentrieren, so kann es zwar sein, dass unser Weg Krümmungen und Windungen aufweisen wird, doch wenn wir durchhalten, werden wir letztlich gewinnen, unser Ziel erreichen.

Noch etwas anderes können wir von dem Bach lernen: Solange er klein ist und sich winden muss, befindet er sich in der schwierigsten Phase. Anfänglich kreuzen so viele Hindernisse seinen Weg, dass er sich immer darum herumwindet, damit er einer direkten Konfrontation ausweichen kann. Stillschweigend ordnet er sich dem Gesetz unter und leistet keinen Widerstand. Allmählich wird er größer und stärker. Er wird zu einem größeren Bach, dann zum Fluss. Dabei wird sein Verlauf geradliniger, die Hindernisse werden immer weniger. Er ist nun nicht mehr weit entfernt vom mächtigen Ozean. Lernende haben eine Ähnlichkeit mit diesem Fluss. Ihre schwierigsten Prüfungen und Herausforderungen erleben sie, solange sie noch schwach sind und wenig wissen. Wenn sie sich auf einen neuen Pfad Richtung Wahrheit begeben, harren ihrer zahlreiche Widerstände und Herausforderungen. Die Weisen werden die Hindernisse ohne Widerstand freudig begrüßen und voranschreiten. In dem Maße, wie sie voller Glauben und Zuversicht vorwärts gehen, erstarken sie und werden wie ein großer Fluss und Strom. Ihr Kurs wird geradliniger, ihr Verständnis vertieft sich, und der mächtige Ozean, ihr endgültiges Ziel, rückt näher.

Kürzlich bat eine Frau um Hilfe bei der Lösung ihres Problems. Sie erklärte, ihr Haus sei mit einer Hypothek belastet und demnächst werde eine Zahlung fällig, die jedoch ihre finanziellen Mittel übersteige. Sie hatte ihr Haus in ein Wohnheim verwandelt und gehofft, dass sie damit genügend Geld für ihren Lebensunterhalt verdienen könne, aber da gebe es ein Problem. Sie könne ihre Mieter kaum halten, weil sie streit- und kritiksüchtig seien. Im Haus sei ständig Aufruhr, niemand sei befriedigt, und sie selbst fix und fertig von der Belastung und Sorge. Ihr wurde erklärt, dass sie dem Gesetz entsprechend leben müsse. Sie solle sich nicht in Gegensatz zu dem Guten stellen, sondern bemüht sein, sich in Einklang mit ihm zu bringen. Bei all der Reibung und Verwirrung in ihrem Haus müsse sie lernen, das Gesetz des Nicht-Widerstands zu nutzen. Sie versuchte es, doch da sie so fordernd und unfreundlich gewesen war, fand sie es ziemlich schwierig, keinen Widerstand zu leisten. An jenem Abend betrat sie das Esszimmer und begrüßte ihre Pensionsgäste mit einem Lächeln. Die Leute waren so erstaunt über die plötzliche Veränderung, dass sie vor lauter Verwunderung kaum essen konnten. Dieses Lächeln war für manche das erste Lächeln, welches sie je bei ihr gesehen hatten, und andere behaupteten, es sei ihr erstes Lächeln seit Monaten gewesen, an das sie sich erinnern konnten. Als sie wegen der Nachspeise in die Küche gegangen war, hörte man einen Mann sagen: „Die alte Dame wird weich." Später am Abend teilten noch mehr Menschen diese Ansicht, als sie hörten, wie die alte Dame einen jungen Mann grüßte, der in Mietrückstand geraten war und möglichst ungesehen in seinem Zimmer verschwinden wollte. Sie grüßte ihn freundlich und äußerte ihr Bedauern darüber, dass er das Abendessen verpasst hatte.

Nachdem sich die Frau einige Wochen bemüht hatte und nach dem neuen Plan lebte, fand sie Gefallen daran. Sie hatte sich innerlich verändert. Sie sah ihre Leute in einem anderen Licht. Anstatt dass sie in ihnen Betrüger, Lügner und Schwerenöter sah, erblickte sie das Gute in ihnen und gewann sie allmählich immer lieber, wie eine große Familie. Auch sie veränderten sich. Man betrachtete das Familientreffen bei Tisch als schönes Ereignis, auf das man sich freute. Die Zahl der Mieter hatte sich erhöht, es konnte niemand mehr aufgenommen werden. Andere hatten um ein Zimmer gebeten, sofern und sobald eines frei würde. Sogar der junge Mann, der ihr aus dem Weg hatte gehen wollen, weil er mit seinen Zahlungen im Rückstand war, hatte sich dem neuen Geist des Hauses geöffnet, eine Arbeitsstelle gefunden und alle Schulden bezahlt. Es erübrigt sich wohl die Anmerkung, dass die Hypothek bezahlt werden konnte und der Witwe das Haus erhalten blieb. Sie tat, was ihr geraten worden war. Sie baute keinen Widerstand mehr auf gegen das Gute. Sie nahm die vielen Hindernisse und Verwirrungen, die auftraten, nicht so schwer und arbeitete sich langsam an ihnen vorbei. Sie behielt ihr Ziel im Auge. Dieses wiederum weichte ihre innere Verhärtung auf und erreichte dann auch andere. Obwohl sie bei manchen den Eindruck erweckte, sie sei weich geworden, erreichte sie so ihr Ziel und siegte.

In einem anderen Ausspruch Jesu ist das Gesetz noch einfacher zum Ausdruck gebracht. Er sprach: „Ich sage euch: Liebet eure Feinde; segnet die, so euch verfluchen; tut denen wohl, die euch hassen; bittet für die, so euch beleidigen." (Lukas 6, 27-28) Untersucht man diese Äußerung, könnte man zunächst den Eindruck gewinnen, der Meister unterstütze die Feinde, die Gegner. Das ist keineswegs so. Jesus wandte sich an alle, die nach dem Gesetz leben wollen. Indem man irgendjemandem oder irgendeiner Sache einen liebevollen Gedanken widmet, schafft man die Gegnerschaft und Feindschaft aus der Welt, die einst zu existieren schien. Als Erstes muss diese falsche Einstellung aus dem Bewusstsein des Betreffenden verschwinden. Sobald die feindlichen Gedanken aus Ihrem Bewusstsein gelöscht sind, werden Sie Neues anziehen. Tun Sie denen Gutes, die Sie hassen, denn indem Sie Gutes tun, stehen Sie über den Hassgedanken, so dass Hass ohne Einfluss auf Ihr Leben bleibt. Segnen Sie die, die Sie verfluchen, und beten Sie für die, die Sie missbrauchen. Warum? Der Segen erweckt das höchste Gut in Ihnen. Das höchste Gut in Ihnen kann nur das höchste Gut eines anderen Menschen anziehen. Derartig Gutes kann nur angezogen werden, wenn man jede Art von Gegnerschaft und Schmähung vermeidet. Wenn man also im Umgang mit anderen Menschen nach dem Gesetz lebt, heißt das niemals, dass andere dadurch mehr Vorteil haben als man selbst. Es wirkt sich auf die anderen in der Weise aus, dass man ihnen die Waffen des Hasses, der Bösartigkeit, der Rache und dergleichen wegnimmt und dass deren Liebe und Gewinn in wechselseitiger Beziehung zu Ihrer Liebe und Ihrem Gewinn stehen.

Wenn sich ein Mensch einer Situation widersetzt, wird er sie immer mit sich herumtragen. Wenn er versucht, vor ihr zu fliehen, folgt sie ihm wie ein Schatten, und er wird ihr immer wieder begegnen. Wenn er die Härte der Situation gering achtet und sich furchtlos daran vorbeiarbeitet, wird für ihn der Tag kommen, an dem er feststellt, dass die schwierige Situation aufgelöst und beseitigt ist. Nehmen Sie dies als Beweis von etwas Gutem. Suchen Sie nach diesem Guten, und dadurch, dass Sie dafür empfänglich sind, wird mehr und mehr von dessen Existenz sichtbar.

„Sei willfährig deinem Widersacher" (Matth. 5, 25) ist eine andere Wendung dafür, dass durch eine Auseinandersetzung noch nie etwas erreicht wurde, was von Wert und Bestand war. Wer gegen seinen Willen von etwas überzeugt werden soll, bleibt bei seiner Meinung. Wenn man eine Meinungsverschiedenheit mit jemandem hat, bringt das den Gegner nur dazu, seinen Schutzpanzer anzulegen und all seine Abwehrkräfte gegen den anderen zu richten. Wer seinem werten Gegner gegenüber eine wohlwollende Haltung einnimmt, raubt ihm die Notwendigkeit zur Verteidigung und Aufrüstung. Leistet jemand keinen Widerstand, so wird man ihn leicht liebenswürdig finden, und wer sich als dessen Feind betrachtet hatte, wird es als Vergnügen und als Privileg ansehen, wenn er sein Freund sein kann.

„Selig sind die Sanftmütigen" mag als Unterstützung jener freundlichen, ängstlichen Seelen gewertet werden, die eine leichte Beute für ihre aggressiveren Zeitgenossen sind. Der Ausspruch bezieht sich aber auf jene Menschen, die in der Lage sind, das Gesetz des Nicht-Widerstands so vollständig zu befolgen, dass sie die Erde und alles, was darauf ist, besitzen werden. Sanftmütig zu sein, bedeutet weder, dass man eine leichte Zielscheibe ist, noch ein Fußabstreifer, über den jeder laufen kann. Ich hörte jemanden sagen, dass man heutzutage kein wahrer Christ sein könne, nachsichtig und verzeihend. Heutzutage müsse man auf der Hut sein, damit niemand von den Stärkeren und Skrupelloseren die eigenen Rechte außer Kraft setzt. Man weiß nicht, was bei einer solchen Denkweise von einem wahren Christen alles erwartet wird. Wohl kaum, dass wir für unseren Glauben den Märtyrer spielen. Es ist auch nicht unchristlich, dass sich jemand furchtlos und positiv äußern kann. Wir müssen uns weder zur Zielscheibe noch zum Fußabstreifer anderer machen, denn es gibt eine größere Macht, mit der wir rechnen können – die Macht des Gesetzes, wenn wir es anwenden. Dies macht aus uns allerdings statt eines zähen Gegners einen Meister. Wir können unsere Rechte geltend machen, ohne dass wir hartgesotten und grausam wären. Unsere Rechte werden sich selber tragen, sofern sie gerechtfertigt sind, sie verteidigen sich selbst. Sie benötigen weder uns noch irgendjemand anderen, um ihre Schlacht zu schlagen. Nun besagt das Gesetz, dass WIR ANZIEHEN, WAS WIR ERWARTEN. Wenn sich also jemand als leichtes Ziel, als Fußabstreifer, als Schwächling sieht, wenn er erwartet, dass man ihn ausnützt und sich zu seinem Schutz kriegerischer Mittel bedient, dann gilt für ihn der Satz: „Wer aber das Schwert aufnimmt, der soll durch das Schwert untergehen." Das Gesetz des Lebens wirkt sich am Menschen entsprechend seiner Einsicht und seiner Einstellung aus.

Sanftmütig sein bedeutet nicht, dass wir uns den Bedingungen von Zwietracht und Aufruhr unterordnen. Wir sind nur dem Gesetz gegenüber sanftmütig. Eine solche Sanftmut verleiht uns die Kraft des Geistes. Jesus war im Geist so stark, dass Sein gesprochenes Wort einem zweischneidigen Schwert glich. Einem Störenfried versetzte es Hiebe, die Peitschenschlägen gleichkamen. Obwohl Jesus ein bescheidener Mensch war, war Er kein Beispiel von Schwäche. Voll Autorität sprach

Er mit den Schriftgelehrten oder reinigte den Tempel von den Wechslern. Er zeigte eine Strenge, die Seine Jünger so erfreute, dass sie Ihn dringend baten, Er möge ihr König sein. Verwechseln Sie Sanftmut nicht mit Schwäche. Die Natur merzt alles Schwache aus, und das ist auch gut so. Schwäche erzeugt immer nur Schwäche. Dies führt zu einer Degenerierung und schließlich zu Tod und Zersetzung. Um weise zu leben, muss man stark und positiv sein, dabei jedoch wahrhaft sanftmütig. Eine solche Stärke resultiert nicht aus körperlicher Stärke und Muskelkraft, sondern aus Gemüt und Geist. NIEMAND KANN IN WAHRHEIT SANFTMÜTIG SEIN, DER NICHT STARK UND VOM GEIST ERFÜLLT IST.

Sanftmut ist also jene Stärke, die sich zeigt, wenn man nicht streitet, wenn man nicht ärgerlich oder überheblich und stolz wird, wenn man nicht in Streitsucht darauf besteht, seine Rechte durchzusetzen. Sanftmut ist das, was unseren Charakter stählt. Sie ist von Dauer. Sanftmut ist die Stärke, durch die wir einen Streitfall gewinnen, indem wir niemals streiten wollen. Wenn Meinungsverschiedenheiten auftreten und Ihre Meinung die richtige ist, so liegt der wahre Sieg darin, dass das Richtige richtig ist, ganz egal, was andere dazu sagen mögen.

In der Wissenschaft kennen wir die Sanftmut in der Gestalt der Kooperationsbereitschaft, des Durchhaltevermögens, des genauen Abschätzen-Könnens, der vollkommenen Harmonie, der Ausgewogenheit von Design und Farbe und so weiter. Am einfachsten lässt sich das wohl dadurch veranschaulichen, wie wir das Gesetz der Natur anwenden. Wir praktizieren Sanftmut, wenn wir die in der Natur wirkenden Gesetzmäßigkeiten anerkennen, und je mehr wir mit ihr kooperieren oder uns ihr unterordnen, umso seliger sind wir. Mit Bedacht wählen wir den besten Samen und legen ihn zu einem günstigen Zeitpunkt am richtigen Ort in eine möglichst fruchtbare Erde. Die heranwachsende Pflanze gießen und pflegen wir mit Sorgfalt, damit sie reiche Ernte bringen kann. Warum sind wir so bemüht, so darauf bedacht, so bereit, dem Gesetz der Natur zu folgen? Ist es, weil wir Schwächlinge und geradezu besessen sind, viel zu tun, und – um es allgemein zu formulieren – weil wir Dummköpfe sind, da äußerste Sorgfalt und Aufmerksamkeit von uns gefordert werden? Nur derjenige ist dumm, der dem Gesetz mit Widerstreben begegnet. Der Weise zieht umso mehr Nutzen aus dem Gesetz, je sanftmütiger und weniger widerstrebend er ist. Ebenso empfängt ein Mensch in dem Maße Segen, wie er sich im täglichen Leben, unabhängig von seinen Lebensumständen, in Sanftmut übt.

Wenn Ihnen Ihre Lage verworren erscheint, so denken Sie an den kleinen Wasserlauf und wie entschlossen er ist, den mächtigen Ozean zu erreichen. Seien Sie ebenso entschlossen, all das Gute, das für Sie bereitsteht, zu erreichen und zu verwirklichen. Warum wollen Sie die nützlichen Auswirkungen hinauszögern, indem Sie Ihrem Glücksstrom Hindernisse in den Weg legen? Beschreiten wir den Pfad des Nicht-Widerstands. Jeder sorgenvolle Gedanke, jede Furcht, Zweifel, Klage, Auseinandersetzung und jeder Ärger formt sich zu einem kleinen oder großen Felsbrocken, den Sie in Ihren Strom werfen. Dadurch verändert sich in der Regel Ihr Kurs und verlängert sich die Zeitspanne, die Sie brauchen, um Ihr Ziel zu erreichen. Konzentrieren Sie Ihre Kräfte ein für alle Mal auf das Gute, das Sie erreichen möchten. Beseitigen und lösen Sie jedes Hindernis auf, indem Sie ihm wohlwollend begegnen und bereit sind, es zu verstehen. Betrachten Sie es nicht länger als Stolperstein, sondern als Stufe, die Sie Ihrem höchsten Gut entgegenführt.

Das Gesetz der Vergebung 9

„Vergebet, so wird
auch euch vergeben."
(Lukas 6, 37)

Es gibt wichtige Dinge im Leben, die außergewöhnliche menschliche Qualitäten erfordern. Unsere Befürchtungen gehen momentan dahin, dass der Mensch kaum stark genug ist, um den Anforderungen des Alltags zu entsprechen. Ein Mangel an Charakterstärke birgt in allen Zeiten eine Gefahr in sich. Die Welt benötigt hier und jetzt die Hilfe eines Meisters, wie Jesus Christus es war.

Jesus lehrte seine Anhänger Charaktergröße. Durch die innere Größe, die Er verkörperte, war Er mehr als ein Prediger – Er war ein höchster Lehrmeister. Er zeigte den Weg nicht nur auf, sondern ging ihn auch voraus. In den Stunden größter Not erwies Er sich mächtiger als Pilatus, Landpfleger von ganz Judäa, mächtiger als Kaiphas, Hohepriester und Kirchenoberhaupt, mächtiger als irgendeiner der Ihn anklagenden Schriftgelehrten und Pharisäer, mächtiger noch als sie alle miteinander. Wohl hatten sie für kurze Zeit Macht über Seinen Körper, stellten Ihn vor Gericht und verurteilten Ihn zum Tod durch Kreuzigung – das höchste Strafmaß, das ausgesprochen werden konnte –, doch dabei hatte Sein Wille, Sein Geist die Oberhand über sie. Als ihren Gefangenen schleppten sie Ihn gefesselt durch die Straßen und nagelten Ihn auf Golgatha ans Kreuz. Er aber blickte auf sie herab, und als Er ihre niedrige Gesinnung erkannte, rief Er aus: „Vater, vergib ihnen; denn sie wissen nicht, was sie tun!" Ein Mensch, der die Geistesgröße besitzt, einem anderen zu vergeben, ist immer größer als der, dem vergeben wird. Er ist ihm überlegen. Er ist größer als sein Widersacher.

Als der Jünger Petrus einmal einer der vielen Lehren seines Meisters lauschte, war er höchst verwundert. Er stellte jene Frage, die die Grundlage dieser Lektion ist. Sich an Jesus wendend, fragte er: „Herr, wie oft muss ich denn meinem Bruder, der an mir sündigt, vergeben? Ist's genug siebenmal?" (Matth. 18, 21) Dies war bereits eine großzügige Geste seitens Petrus, denn das jüdische Gesetz, wie er es ja kannte, sah vor, dass einem Menschen dreimal vergeben werden solle. Petrus hatte dieses vom Gesetz festgelegte Maß großzügig mehr als verdoppelt, so dass er davon ausgehen konnte, Jesus werde erfreut sein über seine hohe Bereitschaft zur Vergebung. Wie erstaunt war er aber, als Jesus antwortete: „Ich sage dir, nicht siebenmal, sondern siebzigmal siebenmal." (Matth. 18, 22) Dieser Zeitraum wäre unbestimmt – die Antwort zeigt also, dass es für die Gnaden des Geistes keine Grenzen oder Beschränkungen gibt. Die Vergebung muss genauso grenzenlos sein wie Glaube, Hoffnung und Liebe.

Die Lehren Jesu im Bezug auf die Macht des Menschen, Sünden zu vergeben, gehören meiner Meinung nach zu den Geboten, die am wenigsten verstanden wurden. Gewöhnlich unterscheiden wir zwischen der Sünde an sich und ihren zahlreichen Auswirkungen. Wenn ein Mensch sündigt, so ist dies – nach allgemeiner Lehrmeinung – eine Angelegenheit für den Geistlichen. Er wird gerufen, um für den Sünder zu beten. Wenn ein Mensch infolge der Auswirkungen der von ihm begangenen Sünden an Seele und Körper krank und elend wird, rufen wir einen Arzt. Der Arzt wiederum bemüht sich, den Körper zu behandeln und in Ordnung zu bringen, das Leid zu bannen. Wir wissen, dass dies höchstens eine zeitlich begrenzte Maßnahme sein kann, denn eine echte Heilung oder dauerhafter Therapieerfolg kann nur erreicht werden, wenn der Arzt und der Geistliche zusammenarbeiten.

Jesus war ein Meister der Heilkunst, da Er sich mit der Sünde und der Krankheit gleichermaßen befasste. Wenn jemand zu Ihm gebracht wurde, der gelähmt war, sprach Jesus davon, dass Er ihm seine Sünden vergeben wolle, damit Er ihn heilen könne.

Die Menschen, die sich um Ihn versammelt hatten und Ihn sprechen hörten, stellten seine Handlungen in Frage. Sie sagten: „Wie redet dieser solche Gotteslästerung? Wer kann Sünden vergeben denn allein Gott?" (Mark. 2, 7) Sie verstanden nicht, wie Er die Sünde als Ursache der Lähmung betrachten konnte. Doch es gibt heute noch manche, die nicht weiter fortgeschritten sind und die immer noch glauben wollen, dass eine solche Krankheit nur von einer körperlichen oder organischen Störung herrührt, anstatt dass sie die Auswirkung einer mentalen oder geistigen Lässigkeit sein könnte.

Jesus lehrte klar und deutlich: Wenn du jemandem eine Sünde vergibst, so werden wechselwirkend natürliche und gesunde Gedanken freigesetzt. Sie saugen das Ungute auf, genau so wie auch die schwärzeste Nacht vom heraufziehenden Dämmerlicht aufgesaugt wird. Die Dunkelheit schwindet, und das Licht des Tages scheint gleichermaßen über allen. Erfüllen uns gesunde und natürliche Gedanken, so wirkt sich das entsprechend auf die Situation unseres Körpers aus. Wenn unsere fortschrittlich denkenden Männer und Frauen, die sich einem breiteren Wirkungsfeld zuwenden, durch mentale und geistige Vorgänge Heilungen herbeiführen können, so bieten sie uns damit nichts Neues. Sie setzen lediglich das um, was der Meister uns lehrte; sie arbeiten mit weniger Vorurteilen nach Seinen Methoden und Lehren.

Jesus lehrte, dass jede Handlung ihren Ursprung in unserem Inneren hat. Er sagte – in Kurzform formuliert –, dass bei dem, in dessen Herz Begierde wohnt, auch die Sünde zu Hause ist; selbst wenn es nie zu einer Tat kommt. Ein anderes Mal spricht Jesus davon, dass die Wurzel der Sünde bereits im Herzen des Menschen wohnt, bevor er eine üble Tat begeht. „Denn von innen, aus dem Herzen der Menschen, gehen böse Gedanken heraus: Ehebruch, Hurerei, Mord, Dieberei, Geiz, Schalkheit, List, Unzucht, Schalksauge, Gotteslästerung, Hoffart, Unvernunft.

Alle diese bösen Stücke gehen von innen heraus und machen den Menschen gemein." (Mark. 7, 21-22)

Wissenschaftler gehen davon aus, dass der Körper des Menschen von dessen Willen gesteuert wird, dass all seine Funktionen einem übergeordneten Gedanken folgen, sei dieser Gedanke nun subjektiv oder objektiv, bewusst oder unbewusst. Wer die mentalen Prozesse studiert, der erkennt, dass alle körperlichen Zustände von der Seele verursacht oder hervorgerufen werden. Es ist bekannt, dass die Schöpfung in ihrer Gesamtheit von einem Gesetz gelenkt wird und von diesem abhängig ist. Wenn nun jemand das Gesetz missbraucht, es verdreht oder verletzt, so wird dieser Verstoß als Sünde bezeichnet. Eine Sünde ist ein Fehler, ein Missverständnis, ein Fehlurteil. Ein Fehler ist es, wenn wir uns nicht an das Gesetz halten, es übertreten, ganz gleich, ob es sich um eine Gesetzmäßigkeit aus der Technik oder aus dem geistigen Bereich handelt. Nur wenn wir unser Verhalten korrigieren, können wir uns in das Gesetz einordnen und eine Versöhnung herbeiführen. Somit sind für den Menschen Reue und Vergebung die einzigen Mittel, um seinen Fehler zu korrigieren, und auch der einzige Weg, wie es ihm erspart bleiben kann, die schmerzlichen Auswirkungen seines Fehlers durchleiden zu müssen. Nur über Reue und Vergebung kann er auch wieder in Übereinstimmung und Harmonie mit dem Gesetz kommen. Vergebung von Sünden bedeutet, dass wir vergeben, loslassen und vergessen müssen – den Gedanken, die Person oder den Umstand, der die Sünde hervorrief. Es bedeutet, dass wir uns von der Sache, die wir besser lassen sollten, abwenden müssen. Wenden wir uns von den falschen Gedanken oder Vorstellungen ab, machen wir uns frei von ihnen, so sind wir auch erlöst, befreit von den gleich gearteten Auswirkungen. Vergebung ist die Grundvoraussetzung dafür, dass wir uns in Harmonie mit dem Gesetz des Lebens befinden können.

„Um welches Gesetz es sich wohl handelt?" mögen wir fragen. Jeder, der sich mit dem Menschen befasst und in ihm sowohl das Geistwesen als auch den Erdenmenschen sieht, kann das Gesetz kennen. Würde er das Gesetz allein durch ein Studium der materiellen Auswirkungen oder Folgeerscheinungen der Sünde kennen lernen, käme er nicht ans Ziel, sondern würde sich sinnlos und vergeblich immer nur im Kreis drehen. Geht er aber tiefer und untersucht die Ursachen und Umstände, die zur Sünde führten, so wird er Ergebnisse erhalten. Er muss den Fall untersuchen und nach einem verborgenen und vergessenen Schockerlebnis oder Umstand suchen, der die Krankheit hervorgerufen haben könnte. Sofern allerdings dieser verborgene Gedanke nicht mit den Wurzeln aus dem Unterbewussten oder der Erinnerung entfernt wird, wird sich der Zustand immer wieder einstellen, trotz aller Arzneimittel, die man – an der Oberfläche bleibend – gegen den Schmerz anwandte. So wie Unkraut in Ihrem Garten immer wiederkommt, wenn Sie es jedes Mal nur abschneiden, so können diese Symptome auch höchstens vorübergehend beseitigt werden, treten aber immer wieder auf, wenn ihre Ursache nicht an den Wurzeln gepackt und restlos beseitigt wird. Unkraut muss man vollständig ausreißen, will man es vernichten und dauerhaft loswerden.

Von einem bekannten Arzt, der vor einer Gruppe anderer Ärzte einen Vortrag darüber hielt, dass Gedanken die Ursache von Krankheiten sind, ist ein Ausspruch überliefert, mit dem er seine Rede beendete: „Ungewöhnliche Arten von Tumor und Krebs lassen sich auf lang unterdrückte Sorgen und Ängste zurückführen." Ebenso gut könnte man sagen, solche Krankheiten ließen sich auf eine große Anzahl sündhafter Gedanken zurückführen, die wir tief in uns unterdrückt haben und verschlossen halten. Wenn ein solcher Zustand dermaßen zerstörerisch ist, wäre es vernünftig, dass wir uns selbst gründlich prüfen und uns klar machen, welche Auswirkung unsere

Gefühle auf unseren Organismus haben. Dann geht es darum, dass wir mit allen uns zur Verfügung stehenden Mitteln jeglichen emotionalen Kampf, der uns schwächt und beeinträchtigt, überwinden, ihn aufgeben, ihm entsagen.

Ein anderer führender Psychiater sagte einmal: „Die meisten Fälle funktioneller mentaler Störungen entstehen aus einem Schuldgefühl." Da existieren also verborgene Gedanken, die sich angestaut haben und die Vergebung erfordern. Gewöhnlich fürchtet sich eine kranke Seele vor dem Loslassen oder vor Vergebung. Das ist normal, denn wenn wir angstvolle Gedanken loslassen könnten, wären wir nicht länger psychisch krank. Professor Gates vom Psychologischen Labor in Washington, D. C., erzielte in einem Experiment, bei dem die Wirkungen von Emotionen auf den Körper untersucht wurden, recht interessante Ergebnisse. Er entdeckte etwa vierzig schlechte Emotionen und deutlich mehr positive. Die schlimmsten Emotionen waren nach seiner Aussage eindeutig die Schuldgefühle. Zu dieser Schlussfolgerung kam er aufgrund einer chemischen Analyse des gewonnenen Körperschweißes. Nach jeder emotionalen Reaktion wurde eine kleine Menge Schweiß abgenommen und untersucht. Das Testergebnis lag bei einer schlechten Emotion stark im sauren Bereich. Sie wissen, was geschieht, wenn Säure auf Ihren Körper gelangt: Die Säure brennt, und wenn die Wirkung länger andauert, verursacht sie Schmerzen und zerstört das Zellgewebe Ihrer Haut. Genau so eine chemische Reaktion greift Ihr Körpergewebe sowie Ihren Organismus an, wenn die zerstörerischen Gedanken in Ihrem Inneren zurückbleiben. Sie erzeugen ein Gift, das schwächt und letztlich den Körper zerstört.

Ein weiser Arzt bekam einmal Besuch von jemandem, der, wie er selbst sagte, alle Ärzte und Sanatorien abgeklappert hatte, aber immer noch ungeheilt war. Sein Zustand hatte sich sogar verschlechtert, und zusätzlich zu der ursprünglichen Krankheit war er zunehmend melancholisch geworden und spielte mit

Selbstmordgedanken. Da der Arzt wusste, dass der Patient viel unternommen hatte und medizinisch versorgt worden war, beschloss er, den Fall von der seelischen Seite her anzugehen. Er stellte Fragen und untersuchte jede Antwort sehr sorgfältig. Nach einer Weile hatte er sich das Vertrauen des Patienten erworben und erkannte die tatsächliche geheime Ursache seiner langen Krankheit.

Viele Jahre zuvor waren dieser Mann und sein Bruder Geschäftspartner gewesen, und der Mann hatte sich Geld angeeignet und verloren, das von Rechts wegen seinem Bruder gehörte. Er hatte es so verwendet, dass sein Bruder es nicht herausfinden konnte, selbst wenn er Nachforschungen angestellt hätte. Später lösten sie ihre Geschäftsbeziehungen auf, und er zog sich aus der Arbeit zurück, konnte es sich aber – wie er selbst sagte – nie verzeihen, das Geld genommen zu haben. Er wollte es zurückgeben, doch dann hätte sein Bruder die Wahrheit erfahren. Er sagte, er habe sich nicht so sehr vor einer Strafverfolgung gefürchtet – was ihn vor allem quälte, war die Sorge, er könne die Zuneigung seines Bruders verlieren. Sie waren immer unzertrennlich und einander in Treue verbunden gewesen. Aus diesem Grunde fürchtete er sich vor einem Schuldeingeständnis und einer Wiedergutmachung.

Der Arzt erklärte ihm, dass er sich dieses verborgenen Druckes entledigen müsse. Die einzige Möglichkeit dafür bestand darin, dass er seinem Bruder die ganze Sache offen eingestand. Der Patient ging nach Hause und dachte darüber nach. Drei Tage später rief er den Arzt an und erzählte ihm, dass er drei schreckliche Tage und schlaflose Nächte hinter sich habe, in denen er mit sich gerungen und sich dann dazu entschieden habe, seinen Bruder zu besuchen. Er sei in einer solchen Gemütsverfassung gewesen, dass er gewusst habe, sein Bruder würde ihn, sobald er erfahren hätte, dass er ein Dieb war, kaum schlimmer behandeln können, als er sich sowieso schon fühlte. Er erzählte seinem Bruder die Geschichte, und zu seiner Überraschung nahm sein Bruder ihn in die Arme und freute sich mit ihm, dass er sich die Sache von der Seele geredet hatte. Es war eine frohe Zeit für sie, weil die düstere Wolke – die einzige in ihrem Leben – verschwunden war. Der Himmel war wieder klar, und die Genesung des Patienten erschien jenen wie ein Wunder, die nicht verstanden, was da beseitigt worden war.

Durch Reue und Vergebung konnte der Mann das tun, was Jesus von der Frau verlangt hatte, über die Er richten sollte: „Gehe hin und sündige hinfort nimmermehr." (Joh. 5, 14) Der tief verwurzelte Kummer war aus seiner Erinnerung herausgerissen. Sein Sinn war nun frei für gesunde, frohe und freudevolle Gedanken. Dadurch konnte sein Körper rasch geheilt werden. Einigen mag es wie ein Wunder erschienen sein; das war es jedoch keineswegs. Hier wirkte ein Naturgesetz auf natürliche, uneingeschränkte Weise.

Angesichts solch unbestreitbarer Tatsachen können wir besser begreifen, warum Jesus so oft von der Vergebung der Sünden sprach. Er kannte das Gesetz der Vergebung und Er wusste, welch unglaublich wichtige Rolle es im Leben des Menschen spielt. Je mehr wir uns damit befassen, umso mehr staunen wir darüber, wie einfach es ist und wie genau es sich erfüllt. Wir sollen uns von der Sünde abwenden, denn – wie Salomo uns lehrt – „EINE AUFGEGEBENE SÜNDE IST EINE VERGEBENE SÜNDE"; wir sollen vergeben, etwas von unserer Veranlagung aufgeben, was weder einen Vorzug darstellt noch andere um uns herum erfreut. Im Gegenzug können wir eine Verletzung heilen, die entstand, weil wir irregingen, einen Fehler machten oder sündigten. Unkraut beseitigt sich im Laufe der Zeit selten von allein. Es vermehrt sich sogar und wird kräftiger, bis es die Blumen erstickt. Genauso verhält es sich mit unseren sündhaften Gedanken. Sie müssen aus dem Garten unserer Erinnerung herausgerissen, verbannt und vernichtet werden, so dass nur die gesunden und frohen Gedanken ihre Blüten treiben können.

Da hat ein Mann beispielsweise die Angewohnheit, übermäßig viel Alkohol zu trinken und fühlt sich dabei einerseits selbst elend, andererseits bereitet er auch seiner Familie viel Kummer. Er möchte seine sündhafte Angewohnheit überwinden. Von seinen Freunden und liebsten Angehörigen erhält er jede erdenkliche Hilfe, damit er seinem Wunsch und starken Drang nach dem Trinken widerstehen kann. Ein ums andere Mal trotzt er der Versuchung, dann aber unterliegt er ihr. Immer wieder vergibt ihm seine Familie und macht ihm Mut, damit er weiterkämpft. Schließlich kommt er an einen Punkt, wo dieses starke Verlangen verschwindet. Er kann nun die Sucht nach dem Alkohol aufgeben und die sündhaften Auswirkungen überwinden. Er hat sich sowohl vom Trinken abgewandt als auch von dem sehnsuchtsvollen Verlangen danach. Wenn ein Mensch sich von dem Gedanken losringt, welcher die Sucht und dann die irdische Tat auslöst, so – und nur so – vergibt ihm das Gesetz und enthebt ihn der schwächenden Auswirkung. Eine Sünde, von der man sich abgewendet hat, kann vergeben werden, wenn der Gedanke oder die Vorstellung, die die Sünde hervorrief, korrigiert wird.

Jakobus erklärt diese Tatsache deutlich, wenn er sagt: „Ein jeglicher wird versucht, wenn er von seiner eigenen Lust gereizt und gelockt wird. Darnach, wenn die Lust empfangen hat, gebiert sie die Sünde.“ (Jak. 1, 14-15) Auf einen einfachen Nenner gebracht, bedeutet das: Jeder Mensch, der einen Gedanken hat, welcher falsch, destruktiv oder übel ist, sorgt – wenn er an ihm festhält – letztlich selbst dafür, dass er Realität wird. Wer einen sündhaften Zustand überwinden will, verschwendet seine Zeit nicht damit, die Gegebenheiten zu bekämpfen, sondern er korrigiert den Gedanken, der sie auslöste, wendet sich von ihm ab, vergisst ihn und vergibt ihm. Es ist dies das

Unkraut im Garten, das komplett mit der Wurzel herausgezogen und vollständig vernichtet werden muss.

An einer anderen Stelle bemerken wir, dass Jesus erneut auf das Gesetz hinweist und noch einige Erklärungen hinzufügt. So sagt Er in Seinem Gebet: „Vergib uns unsere Schuld, wie auch wir vergeben unseren Schuldigern." Das ist ein völlig vernünftiges Angebot. So wie wir jenen vergeben, die sich an uns vergehen, so sollen uns auch unsere Übergriffe vergeben werden. Dieses Gesetz ist uns von alters her bekannt, doch sprechen wir von ihm so, als wäre es etwas Neues, wir nennen es „moderne Psychologie". Dem Gesetz zufolge müssen gewisse Vorstellungen erst aus unserem Herzen gelöscht und beseitigt werden, bevor andere Gedanken oder neue, andersartige Ideen ihren Platz einnehmen können. Dies lässt sich auch anhand einer Flasche erklären, welche bereits voll ist und die erst geleert werden muss, bevor sie wieder ganz oder teilweise befüllt werden kann. Darauf bezog Jesus sich, als Er sagte: „Man fasst auch nicht Most in alte Schläuche, sonst zerreißen die Schläuche." (Matth. 9, 17)

Wenn Sie beispielsweise daran denken, dass Ihnen jemand Unrecht zugefügt oder Sie ungerecht behandelt hat, können auch Sie sich schwer von Ihren eigenen Untaten oder Ihrer ungerechten Haltung lösen, solange Sie diesen Gedanken in Ihrem Bewusstsein festhalten. Oft klagen Menschen, sie vermissten die klare Erkenntnis oder geistige Erleuchtung, die anderen zuteil wurde. Forschen Sie nur einmal in Ihrer Erinnerung, und Sie werden die Ursache dafür finden. Wenn die erwartete Erkenntnis ausbleibt, dann suchen Sie vorerst einmal in Ihrem Herzen nach unversöhnlichen Gedanken, die dort versteckt und unbemerkt auf der Lauer liegen. Ist Ihre Gedankenwelt von Ärger über eine Person oder Situation erfüllt? Sind Sie der Meinung, Sie würden von jemandem geringschätzig behandelt werden? Das Gesetz lautet: Vergibst du ihnen ihre Schuld, so wird dir der Vater im Himmel auch deine Schuld vergeben. Wir bestimmen unsere Lebensbedingungen durch die Art und Weise, wie wir uns den Forderungen des Gesetzes unterordnen.

Manche fragen uns, ob wir es ratsam finden, dass wir Zahlungsverpflichtungen, die andere uns gegenüber haben, aufheben. Mit anderen Worten: Sollen wir unseren Schuldnern ihre Schulden erlassen? In den vergangenen Monaten kamen einige Menschen in die Schlagzeilen, weil sie die Schulden von allen Leuten, die bei ihnen Außenstände hatten, komplett abgeschrieben hatten. Waren ihre Schulden damit wirklich getilgt? Nun, die Schuldner lobten lauthals die Großzügigkeit ihrer Wohltäter, doch schon kurz darauf tauchten sie wieder bei ihrem Lebensmittelhändler oder ihrem Bäcker auf, tätigten Einkäufe und baten darum, dass man den Betrag anschreiben möge. Sie waren also froh, dass sie ihre Schulden losgeworden waren, wussten aber nichts Besseres, als dass sie erneut auf Pump einkauften.

Die Antwort auf die Frage lautet demnach: Solange wir Schulden als eine notwendige Tatsache betrachten, werden wir unsere Schulden behalten. Solange wir eine positive Einstellung gegenüber Schulden haben, werden wir verschuldet sein und alle Lasten und Probleme auf uns ziehen, die damit einhergehen. Wenn wir die Menschen, die uns etwas schulden, gedanklich freigeben, laufen wir kaum Gefahr, dass wir selbst in Schulden geraten. Wenn wir allen, die Schulden bei uns haben, quittierte Rechnungen schicken – wären wir dadurch von der Schuldenlast befreit? Nein, denn das Quittieren von Rechnungen löscht niemals unsere Einstellung gegenüber Schuld. Wir müssen uns erst einmal von der Vorstellung lösen, irgendjemand könne uns irgendetwas schulden. Damit schaffen wir um uns eine klare Atmosphäre, die es uns gestattet, für unsere Schuldner gedanklich Samen der Fülle zu säen. Dadurch sind auch die Schuldner aufnahmefähiger für Gedanken der Fülle. Wenn sie sich dem frei fließenden Strom der Fülle innerlich öffnen, werden sie sich gerne ihrer Schulden entledigen, und wir erhalten mit Freuden das, was uns zusteht. Mit anderen Worten: Gelingt es uns, dass wir Gedanken an Schuld aus unserer Vorstellung verbannen und immer deutlicher wahrnehmen, dass wir von Fülle umgeben sind, dann werden wir bald stark genug sein und uns unseren Schuldnern zuwenden und auch ihnen die Fülle erlebbar machen. Sobald sie herausgehoben sind aus den Gedanken, die um Einschränkung und Mangel kreisen, werden sie vermehrt auch finanzielle Mittel „anziehen", mit denen sie ihre Rechnungen bezahlen können. So und nur so können Schulden dauerhaft getilgt werden. Die beiden betroffenen Parteien werden sich, wenn sie das Gesetz der Vergebung anwenden, von der gedanklichen Fixierung auf die Schuld lösen können und ein Bewusstsein für Fülle entwickeln, und so werden sich Wohlstand und Glück im Übermaß einstellen.

Jeder muss irgendwann den Weg der Vergebung gehen. Wir sollten lernen, dass wir uns nach diesem Gesetz richten müssen. Dieser Schritt muss wichtig sein, denn der Meister lehrte, dass es für den Unversöhnlichen keine Hoffnung auf Vergebung gibt. Nur wenn wir vergeben, wird auch uns vergeben. Wir müssen den ersten Schritt tun. Unsere Bereitschaft ebnet der Vergebung den Weg. Wir sollten vom Gesetz nur das erwarten, was wir uns selbst oder unserem Bruder gewähren. Nur wenn wir nach dem Gesetz leben, können wir hoffen, dass wir die Charakterstärke erwerben, die das Leben erfordert.

Wenn wir tiefer darüber nachdenken, mögen wir uns fragen, ob dem Meister klar war, welch überragende Rolle die Vergebung gerade im heutigen Weltgeschehen spielen würde, greift sie doch tief in unser Alltagsleben ein.

Wenn wir uns die Rivalitäten vor Augen führen, die in fast jeder Firma und jedem Büro verbreitet sind, wenn wir die Eifersüchteleien wahrnehmen, die Nachbarn trennen, wenn wir die Missgunst in Wissenschaft und Wirtschaft betrachten, wenn in unserem eigenen Haus Reibereien und Zwietracht herrschen, erkennen wir, wie die hehre und zugleich schlichte Lehre der Vergebung tief in unser aller Leben eingreift. Wenn wir nicht verzeihen können, können wir davon ausgehen, dass wir ein kleiner Geist sind, der von den Lehren des Meisters unberührt blieb. Dies sind unsere täglichen Prüfungen, denn die Lektionen des Lebens lernt man in der Schule der Vergebung.

Vergib

Diese kleine Untat von gestern –
soll sie verderben den heutigen Tag?
Was er sagte, was du tatest;
ist auch schon längst vergessen.
Gestern war's nur ein Versuch,
heute wird's gelingen;
aus Fehlern, die ich gestern macht',
wird Edles nun entspringen.

Vergib dir selbst, was du gefehlt,
verdamme nie, was war;
vorbei ist die Vergangenheit,
die Fehler nahm sie mit ins Grab.
Vergiss die Untat, dein Versagen,
die Erfahrung sei dir wert,
drum sei guten Mutes,
erheb' dein Herz, den Blick!

Verfasser unbekannt

10 *Das Gesetz des Opfers*

„Und die Pforte ist eng, und der Weg ist schmal, der zum Leben führet; und wenige sind ihrer, die ihn finden.“
(Matthäus 7, 14)

Jeder Mensch sollte ein Ideal oder einen Helden haben. Trauen Sie niemandem allzu sehr, der beides nicht hat und sich auch nicht danach sehnt. Ein Mensch ohne Ideale will nicht über sich hinauswachsen und ist auf Dauer für andere schädlich. Abraham Lincoln ist für die amerikanische Jugend – ja für jeden jungen Menschen, der zwischen 6 und 60 Jahren alt oder älter ist – der ideale Held.

Lincoln kam aus einfachsten und ärmlichsten Verhältnissen und bekleidete doch zuletzt das höchste Amt im Lande, welches wir als Volk einem Menschen übertragen können. Es gibt heute wohl kaum einen Jungen oder Mann, der nicht von sich behaupten kann, genauso viel oder gar mehr Fähigkeiten und Chancen zu haben als die, über welche Lincoln verfügte. Er war einfach, ehrlich und wollte in der Welt vorankommen. Wie wir alle, machte er viele Fehler. Es war ihm lieber, seinen schlaksigen Körper in irgendeiner bequemen Stellung auszuruhen und Seemannsgarn zu spinnen als irgendeine Arbeit zu tun. Er war weder so höflich noch so gebildet, wie seine Frau es von ihm erwartete. Als er als Präsident das Weiße Haus bezog, hatte er nur ein paar Dollar in seiner Tasche. Doch weder Geld noch feine Sitten machen einen Mann, selbst Bildung macht aus einer kleinen Seele keinen großen Menschen.

Abrahams Seele begann aus dem Samen emporzuwachsen, den seine Mutter in ihn gelegt hatte, als er noch ein Junge war. Es war ihr ein Anliegen, ihm das beizubringen, was sie wusste und solange es ihr möglich war. Eines Tages wurde Frau Lincoln sehr krank. Da sie wusste, dass sie sterben würde, rief sie ihre Familie an ihr Bett, legte ihre schwache Hand auf den Kopf des kleinen Abe und sagte ihnen: „Seid gut zueinander." Sie äußerte die Hoffnung, dass sie so leben würden, wie sie es ihnen beigebracht hatte – einander zu lieben und Gott anzubeten. Sie hatte ihr Werk vollendet und starb, wie sie war: mit gebeugtem Rücken, einer flachen Brust, traurig, zuweilen völlig elend, ohne die Aussicht auf Verbesserung der Lebensbedingungen. Sie mag Träume gehabt haben, ahnte jedoch nicht, welch großartige Zukunft auf den zerlumpten, unglücklichen Jungen wartete, der da neben ihrem Bett stand.

Obwohl Abe beim Tod seiner Mutter noch ziemlich jung war, vergaß er sie nie. Sie hatte ihn etwas gelehrt, was ihn das ganze Leben lang begleitete. Sie lehrte ihn, dass Weisheit sich nicht über Disziplin erzwingen lässt, sondern sich nur bei dem Menschen einstellt, der sich nach Disziplin sehnt, diese liebt und sich freiwillig für sie entscheidet. So lernte er, dass Disziplin der sichere Weg ist, um all das zu erreichen, was das Leben lebenswert macht.

Besuchen Sie heute einmal ein Konzert oder eine Oper und lauschen Sie den Stimmen, die Musikliebhaber bezaubern – z. B. der Stimme von Künstlern wie McCormick, Lily Pons, Thomas, Eddy, McDonald, Moore oder Ihrer Lieblingssänger, die Sie benennen können. Wie kommt es zu solchen außergewöhnlichen Stimmen? Es „kommt" gar nichts. Voraussetzung ist natürlich eine spezielle Begabung, aber solche an Zauberei grenzenden Resultate stellen sich nicht zufällig ein, sondern sind das Ergebnis von Disziplin – einer Disziplin, für die man sich bewusst entscheidet, die man leidenschaftlich ersehnt und geduldig und hartnäckig verfolgt.

Dennoch spricht man von uns als undisziplinierter Generation. Das ist jedoch nicht wahr. In allen Lebensbereichen können wir die Früchte disziplinierter Forschung und harter Arbeit genießen, wobei die Resultate weit über das hinausgehen, wovon unsere Vorfahren jemals träumten. Nie werde ich das aufregende Erlebnis vergessen, das ich an einem Abend hatte, als ich zu Hause vor einem gemütlichen Kaminfeuer saß. Das Radio stand neben meinem Stuhl. Zufällig langte ich hinüber, stellte es an und wählte einen bekannten Sender. Zu meiner großen Überraschung hörte ich eine Stimme, die Richard Byrd rief, welcher sich zu der Zeit in der Antarktis im Bereich des Südpols aufhielt. Kurz darauf hörte ich den Kommandanten selbst davon berichten, auf welche Hindernisse und Schwierigkeiten sie am Vortag gestoßen waren, als sie Vorräte abluden und sie über einen Hang gebrochenen Eises und über Schneewehen nach Klein-Amerika, ihrem neuen Zuhause, hochzogen. Hätte er einen ausführlichen Bericht geschrieben und ihn als Brief verschickt, er hätte Monate gebraucht, um uns zu erreichen. So aber schwang sich seine Stimme in weniger als einer Sekunde durch den Äther, und ich hörte ihn – wie viele andere auch – von den Ereignissen des Tages berichten. Die alten Wundergläubigen hätten sich nie träumen lassen, dass etwas Derartiges geschehen kann. „Geschehen" – das ist nicht das richtige Wort; worum es geht, ist die Disziplin. Um solch ein Ergebnis zu erzielen, war eine gewissenhafte Disziplin auf wissenschaftlichem wie technischem Gebiet erforderlich.

Wir sind keine undisziplinierte Generation – außer auf einem Gebiet: unserer Moral. Wir kennen Disziplin in der Wissenschaft, der Kunst, dem Sport, auf jedem praktischen Gebiet. Doch wir lassen uns gehen, wollen uns austoben, entfesseln unsere Triebe und werfen unsere Zurückhaltung über Bord. Disziplinlosigkeit bestimmt unser Moralleben. Überall erkennen Menschen, dass es notwendig ist, ihre Gedanken und Taten unter Kontrolle zu haben. Wir trainieren Haustiere mit Sorgfalt, wir bezwingen die Naturgewalten, damit sie uns immer und zuverlässig zu Diensten sind, doch wir, die wir uns doch für die Wertvollsten halten, wir lassen unseren Gedanken freien Lauf. Niemand kann seine Ziele erreichen, solange er nicht lernt, seine mentalen

Kräfte im Zaum zu halten, seine Gedanken zu kontrollieren. Niemand kann wahre Religiosität leben, der nicht sein Inneres geklärt und seine Ideale mit dem Gotteswillen in Einklang gebracht hat. Niemand kann Weisheit und Verständnis für das Leben erlangen, wenn er sie auf Wegen sucht, die außerhalb der gottgewollten Gesetzmäßigkeiten liegen.

Halten wir zunächst eine einfache Tatsache fest: Wenn wir etwas erreichen wollen, müssen wir immer etwas anderes dafür aufgeben. Alles im Leben hat seinen Preis und ist jederzeit verfügbar, wir müssen jedoch den dafür geforderten Preis zahlen. Tag für Tag begeben wir uns zum Verkaufsstand des Lebens und sagen: „Wenn ich dir das gebe, gibst du mir jenes." Dieses Verhandeln kennen wir unter der vielleicht üblicheren Bezeichnung des „Opfers". Opfer ist also nicht das, was unsere Priester daraus gemacht haben. Es ist eine unvermeidliche Notwendigkeit, ein klares Gesetz, das wir befolgen müssen. Wir opfern jeden Tag unseres Lebens – gewollt oder ungewollt, bewusst oder unbewusst. Was auch immer wir vom Leben erwarten, wir müssen etwas dafür aufgeben, um es zu bekommen.

Es gibt einen Ausspruch des Meisters, vor dem man heutzutage zurückschreckt und den man meiden möchte: „Und die Pforte ist eng, und der Weg ist schmal, der zum Leben führet; und wenige sind ihrer, die ihn finden." (Matth. 7, 14) Wie ungern hören wir doch solche Worte. Wir sagen, wir hätten alles satt, was uns einengt. Heute sind wir freizügiger, wir bevorzugen die breiten, bequemen Wege. Wir pochen auf unsere Freiheit und behaupten, es gebe für uns keine Notwendigkeit, so eingeengt zu werden. Wir benutzen nicht den kleinen, schmalen Pfad. Kaum ein Ausspruch Jesu ist jedoch klarer und umfassender als dieser. Niemand wird je die Fülle des Lebens erringen, in welchem Bereich es auch sei, wenn er locker und nachlässig daherkommt. Wir werden immer über den schmalen Weg und durch das enge Tor der Disziplin gehen müssen.

Lauschen Sie Kreislers Geigenspiel und hören Sie sich Musik an, die in ihrer Vollkommenheit fast göttlich ist. Schauen Sie einem fähigen Chirurgen bei seiner schwierigen Arbeit zu, wenn er einen Schwerverletzten wieder „zusammenflickt", damit dessen Körper der Seele zu deren Weiterentwicklung noch länger als Behausung dienen kann. Nehmen Sie den Wissenschaftler, der sich in seinem Labor in seine Formeln vertieft. Erinnern Sie sich an die Äußerung George Eliots, sie habe ihren Roman „Romola" als junge Frau zu schreiben begonnen, ihn aber erst im Alter vollendet. Oder denken Sie an Admiral Byrd, der über den Südpol flog und uns über das Radio davon erzählte. Spiegeln solche Erlebnisse das Leben wider? Ja, das tun sie. Ein befreites Leben, in dem man etwas erreicht hat, und somit ein im höchsten Maße befriedigendes Leben, für das es wohl kaum eine Steigerung geben kann. Doch eng ist die Pforte und schmal der Weg der Disziplin, der zu einem solchen Leben führt.

Wenn wir das Gesetz des Opfers auf die moralische Ebene anwenden, wird es gewöhnlich einseitig dargestellt. Uns wurde beigebracht, dass wir, wenn wir ein gutes Leben führen wollen, auf so zahlreiche Freuden verzichten müssen. Das klingt vielen von uns doch sehr vertraut. Wir lehnen uns dagegen auf, und wenn wir uns mit dem Begriff „Opfer" beschäftigen, denken wir an jene Menschen, die für etwas Gutes so viel Schönes im Leben aufgeben mussten. Wer gehört zu denen, die in der Geschichte die größten Opfer bringen mussten? Nun, da war Sokrates, der den Schierlingsbecher leerte, da war Jesus, der ans Kreuz genagelt wurde, Paulus, der geköpft, und Petrus, der mit dem Kopf nach unten gekreuzigt wurde. Da waren Luther, Wesley und Calvin, alles Männer des Glaubens, da waren Livingstone, Nightingale und jede Menge anderer. Aber denken Sie einen Augenblick nach: Sind sie es, die die größten Opfer brachten? Wir sprechen von dem höchsten Opfer Jesu am Kreuze; wir lesen vom Märtyrertum des Petrus, Paulus und

Johannes, doch was ist mit Judas Ischariot? Was hätte aus ihm werden können! In wessen Begleitung hatte er sich einst befunden, welchen Platz hätte er einnehmen können! Welche Chance warf er weg, und was bekam er dafür! Ich sage Ihnen: Der Kreuzestod war ein Opfer, das sich nicht vergleichen lässt mit dem, was Judas aufgab. Für höchste Schmach und nur dreißig Silberlinge warf er die großartigste Gelegenheit weg, die je einem Menschen in der Geschichte geboten wurde.

Ein junger Mann, der Disziplin verabscheut, sich von Zwängen befreit und die Kontrolle über sich verloren hatte, schrieb, als er im Gefängnis saß: „Für jene wenigen Stunden habe ich Abertausende Male in vollem Maße bezahlt.“ Dieser junge Mann hatte mit seinem Neffen, der nur wenige Jahre jünger war als er, eine Missionsveranstaltung in einer Stadt in meiner Nähe besucht. Auf dem Heimweg diskutierten sie über eine Frage, über die der Prediger bei dem Treffen gesprochen hatte. Die Debatte erhitzte sich, es fielen ärgerliche Worte, und als sie zu Hause ankamen, kochten die Emotionen über. Der Jüngere ging in sein Zimmer, holte sich einen Revolver und schoss auf seinen Onkel. Der Onkel kämpfte, entwand ihm die Waffe, richtete sie gegen den Jüngeren und tötete ihn. Ich meine, das ist ein teuer bezahltes Leben. Wir sollten uns das ernsthaft zu Herzen nehmen und uns klar machen, was das Wort „Opfer“ in uns wachruft.

Einmal suchte mich ein Mann in meinem Büro auf, der in einer sehr ernsten Angelegenheit Hilfe suchte. Er hatte ein schönes Haus, eine reizende, treue Ehefrau und zwei wunderbare Kinder. Nun war es so, dass seine Frau die meiste Zeit mit den Kindern verbrachte, während er alleine in seinen Club und zu Einladungen ging. Er hatte eine andere Frau getroffen und meinte, sich in sie verliebt zu haben. Das war sein Problem – was sollte aus seiner Familie, seinem Zuhause werden? Es gibt darauf nur eine Antwort, die zu geben weder mir noch sonst irgendeinem Sterblichen zusteht. Das Gesetz entscheidet für uns. Wir können nicht ein schönes Zuhause und eine liebevolle Familie haben und zugleich einen losen Lebenswandel führen. Wenn wir nicht bereit sind, den losen Lebenswandel zugunsten des schönen Zuhauses aufzugeben, werden wir gezwungen, das schöne Zuhause und liebe Menschen dem losen Lebenswandel zu opfern. Wir können nicht die Befriedigungen und Freuden wahrer Freundschaft genießen wollen und gleichzeitig unserer schlechten Natur frönen. Wenn man nicht bereit ist, seinen Ärger einer Freundschaft zuliebe zurückzunehmen, so wird man die Freundschaft dem Ärger opfern müssen. Es ist nicht möglich, einen lauteren Charakter zu haben, den Freunde schätzen und dem sie vertrauen, und gleichzeitig üblen Machenschaften nachzugehen. Wenn man seine krummen Wege nicht seiner Vertrauenswürdigkeit zuliebe verlässt, so wird man seine Vertrauenswürdigkeit der Unehrlichkeit opfern müssen.

Einer Sache können Sie sich ganz sicher sein: Ganz gleich, wie weit Sie sich im Leben vorwagen, bevor das Seil straff wird, ganz gleich, was für ein nachlässiges oder lockeres Leben Sie führen, selbst wenn Sie glauben, ungestraft davonzukommen und dies auch so scheint, das Gesetz können Sie nicht täuschen. FÜR ALLES MUSS MAN IN IRGENDEINER FORM BEZAHLEN. Bei einem vornehmen Leben, jedem Erfolg und allem Glück ist es wie bei den schönen Künsten: Man entscheidet sich für die spirituelle Schönheit, die man ersehnt und hervorbringen will, und begibt sich dann auf den engen und schmalen Weg, um sie zu erringen. Denn wer sich zuerst nach Disziplin sehnt, bei dem kann auch die Weisheit Einzug halten.

Nun behaupten einige, dass der, der die Freuden des Lebens genießen will, nicht erfahren könne, was Freiheit ist. Das Gegenteil ist der Fall. Wer so denkt, hat noch nicht erkannt, was wahre Freiheit bedeutet. Das erinnert mich an einen Betrunkenen, der zum Vergnügen einiger Leute eine öffentliche

Rede über das Thema „Freiheit" hielt. Er pochte auf seine Freiheit und erklärte, er habe das Recht, so viel Alkohol zu trinken, wie er wolle. Keine Regierung könne ihn davon abhalten. Er hatte die freie Wahl und war doch so betrunken, dass er nicht wusste, was er sagte oder tat. Ein undiszipliniertes Leben in Abhängigkeit hat nichts mit Freiheit zu tun. Freiheit liegt in der Fähigkeit, sein Leben zu kontrollieren und das daraus zu machen, was man sich wünscht.

Wollen Sie ein geschickter Athlet, ein tüchtiger Lehrer, ein sachkundiger Jurist oder ein wunderbarer Sänger werden, dann steht am Anfang Ihres Erfolgs die Bereitschaft, mit Ihrer Zeit und Ihren Gedanken diszipliniert umzugehen. Genau die gleiche Regel gilt, wenn Sie im Leben etwas erreichen wollen, von dem Sie meinen, es sei besonders kostbar, glänzend und begehrenswert. Ein Leben ohne Disziplin ist ein ungesundes Leben. Wir müssen uns um ein gutes Miteinander bemühen und uns unter der höchsten Führung, die wir kennen, oder den Lehren und dem Beispiel eines Meisters folgend, den hohen Idealen eines reinen, nützlichen und erfolgreichen Lebens verschreiben. Jesus ist das erhabenste Beispiel eines Meisters. In all Seinem Tun sowie in Seiner Lehre bewies Er, dass Disziplin, Selbstkontrolle und Selbstzucht immer vorangehen müssen, wenn man Weisheit erlangen und große Taten vollbringen will. Frau Lincoln hatte Jesu Worte dem kleinen Abe vermittelt, und er wurde eine bedeutende Persönlichkeit, weil er im Mannesalter sein faules, lockeres und ausschweifendes Leben hinter sich ließ und den geraden und schmalen Pfad eines von Disziplin, Prinzipien, Aufrichtigkeit und Gerechtigkeit geprägten Lebens wählte. Das Gesetz des Opfers, das durch ihn wirkte, versetzte ihn in die Lage, Präsident und Retter einer großen Nation zu werden.

Ein Beweis seiner Größe war sein Wirken in Washington. Während des Krieges wurde ein Junge aus Vermont namens

William Scott zum Tod durch Erschießen verurteilt, weil er auf seinem Posten eingeschlafen war. Nun war es gar nicht sein Posten gewesen, sondern der seines Kameraden, den er vertreten hatte, weil er krank geworden war. Beide Dienste zusammen waren zu viel für Scott gewesen, und so war er eingeschlafen. Er war bei allen so beliebt, dass sein Kommandant und seine Freunde sich in dieser Sache an den Präsidenten wandten. Lincoln beschloss, nach Chain Bridge zu reisen und den Fall selbst in die Hand zu nehmen. Er begab sich zu dem Lager und sprach mit Scott. Scott sagte später, der Präsident sei der liebenswürdigste Mensch, den er je getroffen habe. Er hatte ihn über sein Zuhause befragt, über die Farm, seine Freunde und zuletzt über seine Mutter. Er sagte, er sei froh gewesen, dass er ein Bild von ihr aus dem Brustteil seines Hemdes hatte hervorziehen können, um es ihm zu zeigen. Lincoln sagte ihm, er solle dankbar sein, eine Mutter zu haben, und er solle dafür sorgen, dass sie stolz auf ihn sein könne und niemals mehr seinetwegen Kummer haben oder weinen müsse. Scott fand es sehr sonderbar, dass er nicht über das Schicksal sprach, welches ihn am nächsten Morgen erwartete. Sonderbar auch, dass er ihm geraten hatte, seiner Mutter nie mehr Kummer noch Leid zu bereiten, obwohl er bald sterben würde. Schließlich nahm er all seinen Mut zusammen und fragte den Präsidenten, ob er ihn um einen Gefallen bitten dürfe: Er wolle nicht seinen Freunden gegenüberstehen müssen, stattdessen möge die Todesschwadron einer anderen Kompanie zum Einsatz kommen. Herr Lincoln drehte sich rasch um und sagte, indem er Scott ansah: „Mein Junge, du wirst morgen nicht erschossen. Ich werde dir vertrauen und dich zu deinen Freunden zurückschicken. Allerdings habe ich mich einigen Mühen unterzogen, um von Washington hierher zu kommen. Wie wirst du die Rechnung bezahlen?"

Der Junge dankte ihm stammelnd und schlug vor, dass er ihm seine Ersparnisse schicken könne; er könne sich Geld leihen, indem er die Farm mit einer Hypothek belaste. Auch seine Freunde würden ihm helfen, und da war auch noch sein ganzer Sold. Da legte Lincoln seine Hände auf des Jungen Schultern und sagte mit betrübtem Gesicht: „Mein Junge, meine Rechnung ist sehr hoch – weder das Geld deiner Freunde noch dein Lohn, weder die Farm noch das Geld deiner Kameraden reicht dafür aus. Nur ein einziger Mensch auf der Welt kann die Rechnung begleichen, und sein Name lautet William Scott. Wenn William Scott vom heutigen Tage an seine Pflicht so erfüllt, dass wenn er zum Sterben kommt und ich da bin und er mir genauso ins Gesicht blicken kann, wie er es jetzt tut, und er mir sagen kann ‚Ich habe mein Versprechen gehalten!', dann wird er seine Schuld vollständig bezahlt haben."

William Scott hielt sein Versprechen. Er hatte das Geheimnis erfahren, das Frau Lincoln ihrem Sohn mitgeteilt hatte, als dieser noch ein Junge war. Es war dies das Gesetz des Opfers sowie die Tatsache, dass wir Disziplin ersehnen und lieben müssen, bevor eine solche Weisheit bei uns einkehren kann; dass es der gerade und schmale Weg ist, der uns sicher zu einem lebenswerten Dasein führt. Es war auch der Weg, der Lincoln zum Weißen Haus geführt hatte. Derselbe Weg führte auch zurück zu den Hügeln von Vermont, zum Elternhaus, zum Glück und zu der Mutter. Wer standhaft ist, wird den Weg finden. Es ist der Weg, auf dem Jesus zu Triumph und Herrschaft schritt. Es ist der Weg, den ich auch Ihnen empfehle, denn auf ihm stoßen Sie auf das Gesetz des Opfers, das stets aktiv ist, um Ihnen die Freuden und Wonnen zu bescheren, die aus der Weisheit und Erkenntnis resultieren, welche damit einhergehen.

„Selig ist der Mann, der die Anfechtung erduldet; denn nachdem er bewähret ist, wird er die Krone des Lebens empfangen, welche Gott verheißen hat denen, die ihn lieb haben." (Jak. 1, 12)

Invictus

Aus der Nacht, die mich umhüllt,
wo tiefste Schwärze mich umgibt,
dank ich den Göttern, die da sind,
für meine Seel', die unbesiegt.

Im harten Griff des Lebens Lauf
schrie ich nicht auf, wahrt mein Gesicht.
Unter des Schicksals schwerem Schlag
blutet mein Kopf, doch beugt sich nicht.

Jenseits des Orts von Zorn und Weinen
des Grauens Schatten schreckend äugt,
und dennoch wird der Jahre Drohen
mich finden, soll mich finden ungebeugt.

Mag das Tor auch noch so eng,
die Schrift auch voller Strafen sein,
mein Schicksal, das bestimm' ich selbst –
meiner Seele Herr bin ich allein.

W. E. Henley

Das Gesetz des Gehorsams 11

„Gehorchet meinem Wort, so will ich euer Gott sein, und ihr sollt mein Volk sein."
(Jeremias 7, 23)

Es ist wohl kaum der Sinn des menschlichen Lebens, dass man sich in einem wilden Getümmel befindet, sich einige Jahre blindlings abrackert und dann am Ende einer Ungewissheit entgegengeht. Das Leben muss eine tiefere Bedeutung haben, und die hat es auch. Der Mensch soll ein Baumeister sein. Alle Materialien, die er benötigt, sind ihm an die Hand gegeben, damit er sich daraus das Leben formen kann, das er führen möchte. Je nachdem, wie er dem göttlichen Gesetz folgt, wie er es verstanden hat und es im täglichen Leben anwendet, baut er in Weisheit oder Ignoranz.

Wenn man davon spricht, dass unser Leben strengen Gesetzmäßigkeiten unterliegt, so gehen viele Menschen gleich davon aus, dass es schwierig sein muss, ein rechtes Leben zu führen. Sie fürchten sich vor einem Gesetz, das strenge Forderungen an sie stellt, wenn es um ihre Beziehung zu den feineren Bereichen des Lebens geht. Doch dieselben Leute wollen diejenigen Gesetze, die die menschliche Gesellschaft bestimmen, möglichst durchgesetzt wissen. Sie sehen ein, dass die Gesetze, welche das menschliche Miteinander und die sozialen Aktivitäten regulieren, auch entsprechend eingehalten werden müssen, soll das Gemeinwesen in Harmonie und Sicherheit funktionieren. Mit anderen Worten ist ihnen klar, dass eine Staatsregierung zum Wohle der Menschheit nötig ist, und ohne sie unser Leben und Wohlergehen dauernd gefährdet wären.

Was für eine menschliche Regierung gilt, die sich durch Verfassung und Recht begründet, gilt erst recht für die göttliche Herrschaft. Und je strenger das Gesetz ist, umso mehr sind Sicherheit, Wohlstand und Glück demjenigen sicher, der dessen Anforderungen gerecht wird. Im wissenschaftlichen Bereich gibt es keine strengeren Gesetze als die Gesetze der Mathematik. Wenn ein Buchhalter ein Problem nicht sofort lösen kann, so weiß er, dass er sich zur Lösung lediglich an die strengen Gesetze zu halten braucht, denen alle mathematischen Rechenoperationen unterworfen sind. Wären diese Gesetze veränderbar, wäre es völlig hoffnungslos, mathematische Probleme lösen zu wollen.

Die Religion ist vermutlich nirgends so weit vom rechten Weg abgekommen wie beim Gottesbegriff oder Gottverständnis, handle es sich nun um den Christengott oder um den Gott der Heiden. Anstatt zu erkennen, dass der Allerhöchste das Gesetz verkörpert, welches im Einklang mit den Naturgesetzen steht und genauso verlässlich wirkt wie diese, haben sich die Menschen in ihrer Vorstellung einen Gott geschaffen, der parteiisch ist und an den sich Heilige wie auch Sünder wenden können; einen Gott, den man überreden kann und der mit sich handeln lässt; einen Gott, der Leben schenkt und es nimmt; einen Gott, der Krankheit heilt und sie verursacht; einen Gott, der Reichtum wie auch Armut verteilt; einen Gott, der belohnt und straft. Und weil wir diese falsche Vorstellung so hingenommen haben, sind unsere Gebete geprägt von Zweifeln, und ihnen fehlt das starke Vertrauen, dass sich jegliches Geschehen im Einklang mit dem göttlichen Gesetz befindet.

Dieser Aspekt der Wahrheit vermittelt vielen Menschen das Bild eines unpersönlichen Gottes – eines Gottes, der sich nicht für die menschlichen Nöte und Probleme interessiert, der nicht wie ein Vater ist, zu dem wir mit unseren Sorgen kommen und mit dem wir sprechen können. „Sie haben mir meinen Herrn genommen“, klagt Maria. Früher oder später erkennen sie jedoch, dass diese erhabene Erkenntnis, dass Gott das Gesetz ist, ihnen ihren Herrn so nahe bringt und vertraut macht, dass alle Forderungen, alle Zweifel verstummen. Denn wenn wir das Gesetz einmal verstanden haben, sind wir dem Geheimnis ewigen

Glückes und Friedens auf die Spur gekommen und können alle Kräfte, die um uns wirken, lenken und beherrschen.

Das Wort „gehorchen“ bedeutet, dass man sich Regeln unterordnet oder an Befehle bzw. Anweisungen hält. Der Gehorsam bestimmt also all unser Tun, wie wir uns bewegen, was wir sagen und wie unsere geistige Einstellung ist. Eine riesige Maschine, die von niemandem bedient wird, würde sich selbst zerlegen, völlig zerstören, weil sie ohne Vorgabe für die ihr angemessenen Bewegungsabläufe wäre. Ein Mensch mit riesenhaftem Verstand, doch ohne Orientierung an den Gesetzen des Lernens, wird sich zu einem Idioten entwickeln. Nur wer sich den Lehren des Geistes, dem göttlichen Gesetz, unterwirft, ihm gehorcht, wird das Üble aufheben und Gutes schaffen. Unser Erfolg oder Misserfolg in diesem Leben hängt ausschließlich von unserem Gehorsam dem Gottgesetz gegenüber ab.

Die menschliche Gemeinschaft, unsere Städte, Staaten und Nationen werden von ihm gestärkt. Unser Besitz und unser Leben sind von ihm abhängig. Weil wir den Gehorsam schätzen, stehen wir als Gemeinschaft hinter dem Gesetz. Doch wehe dem, der es übertritt, der sich wie ein Plünderer aus Eigensucht bereichern will. Wir blicken in eine Wohnung und sehen eine Mutter, wie sie ihrem Kind Disziplin beibringt. Später sehen wir sie als glückliche Mutter wieder, weil ihr Kind über das Jugend- zum Mannesalter gelangt ist und Erfolg geerntet hat. Der Erfolg hat sich eingestellt, weil am Anfang seines Lebens der Samen des Gehorsams in ihn gesenkt wurde, aus dem Respekt, Gehorsam und Uneigennutz erwachsen sind. Dann wiederum können wir sehen, wie andere versagen, weil man es zuließ, dass sie sich zu ungehorsamen, respektlosen und egoistischen Menschen entwickelten.

Das Geschäftsleben ist auf Gehorsam aufgebaut, und der, der den Gesetzen des Kommerzes gehorcht, wird erfolgreich sein. Fehlschläge, Insolvenzen und Verluste zieht man nur durch übertriebene Spekulation, riskante Projekte, überzogene Kurse oder mangelnde Kooperationsbereitschaft auf sich. Alle Probleme in unserem Leben lassen sich in gewissem Maße auf unseren mangelnden Gehorsam gegenüber dem Gesetz des Denkens und gegenüber Gott, dem Schöpfer, zurückführen. Unsere Schwierigkeit liegt darin zu erkennen, wo wir Gehorsam leisten müssen und wo nicht.

Die Antwort finden wir in der Natur. Sie kann alle Schwierigkeiten überwinden, alle Probleme lösen, alle Lasten tragen, alle Aufgaben lösen. Warum? Die Prozesse in der Natur werden von dem bedeutenden Gesetz der Harmonie und Ordnung gesteuert, welches fortwährend Missklänge beseitigt, alle Krankheiten heilt, jegliche Abweichung korrigiert, jeden Mangel ausgleicht. Wenn im Winter ein junger Spross vorzeitig durch die Erde brechen will, zerstört Mutter Natur ihn, schwemmt ihn auf oder lässt ihn abfrieren. Doch gleichzeitig dienen derselbe Schnee und das Eis, durch welche der kleine vorwitzige Trieb erfriert, anderen Sämlingen, die sich an die Gesetze der Natur halten, als warme schützende Decke. Wer die Natur in seine Arbeit mit einbeziehen möchte, wie z. B. in der Landwirtschaft oder beim Gärtnern, muss wissen, wie man sich in ihre Gesetze einfügt. Gehorcht man ihren Gesetzen, so erzielt man die besten Ergebnisse und erfreut sich zuletzt einer ausgezeichneten Ernte. Wer die Gesetze der Natur achtet und wie ein folgsamer Diener handelt, wird schließlich Meister werden und eine reiche Ernte einfahren.

Jeder Strebende, der sich in das Gesetz einfügt und ein wahrer Diener Gottes ist, wird geistig wachsen, jede Lebenssituation meistern und reichen Segen empfangen können. Das wollte uns der Meister vermitteln, als er sagte: „Der Größte unter euch soll euer Diener sein. Denn wer sich selbst erhöht, der wird erniedrigt; und wer sich selbst erniedrigt, der wird erhöht.“ (Matth. 23, 11-12) Es wird uns damit nicht das Bild eines

Schwächlings vor Augen geführt, der vor Stärkeren zurückweicht oder sich von Aggressiveren leicht zur Seite drängen lässt, denn Paulus sagt: „Denn wenn ich schwach bin, so bin ich stark." (2. Kor. 12, 10), was natürlich bedeutet, dass wenn man „schwach" ist, um die Gesetze Gottes zu befolgen, so ist man stark und vom Geist erfüllt.

Unsere Fehler sind meist darauf zurückzuführen, dass wir eher bereit sind, die irdischen als die geistigen Gesetze zu befolgen. Unsere Vorstellungen orientieren sich eher an der äußeren Erscheinungsform der Dinge als an der ihnen innewohnenden Wahrheit im Einklang mit dem Gesetz. Petrus und die anderen Apostel sagten den Menschen, die sich auf dem Marktplatz um sie versammelten: „Man muss Gott mehr gehorchen denn den Menschen." (Apg. 5, 29) Wir müssen den Gesetzen Gottes mehr gehorchen als den menschlichen Gesetzen. Sie wussten, dass ein Einzelner nur so ist, wie er sich sieht, und er das ernten wird, was er säte, je nachdem, ob er den Forderungen des Geistes folgte oder dem Drängen seiner Sinne nachgab. Paulus sagt: „Wisset: welchem ihr euch hingebet als Knechte in Gehorsam, des Knechte seid ihr, sei es der Sünde bis hin zum Tode oder dem Gehorsam bis hin zur Gerechtigkeit." (Römer 6, 16)

Wenn wir uns mehr nach dem Geist in uns als nach den äußeren Gegebenheiten richten sollen, dann hat das zur Folge, dass wir die Dinge erst in unserem Inneren gedanklich lebendig werden lassen müssen, bevor sie sich im Äußeren manifestieren können. Die meisten unserer Erlebnisse sind die natürliche Folge unserer Handlungen. Diese Handlungen müssen als Erstes in unseren Gedanken Form annehmen. Das Gesetz lautet: „Was der Mensch sät, das wird er ernten." (Gal. 6, 7). Das trifft mathematisch genau zu und ist wahr. Wenn wir einen Rübensamen in die Erde legen, bringt die Natur niemals Kartoffeln hervor. Säen wir Mais, so lässt die Natur niemals irrtümlich eine riesige Eiche wachsen. Aus demselben Grund wird das Gesetz, wenn wir sorgenvolle Gedanken säen, uns entsprechend etwas bescheren, was uns Sorge macht. Es wird immer mehr Situationen herbeiführen, die unsere Sorgen verstärken. Wenn unsere Gedanken um Krankheit und Mangel kreisen, empfangen wir genau das, worauf wir uns eingestellt haben. Dem Gesetz zu gehorchen, wird uns immer nützlich sein. Das Wichtigste ist also zu wissen, was von uns erwartet wird.

Wir lachen über die Probleme von Kindern, weil wir sie besser bewerten können. Einem Kind erscheint seine kleine Aufgabe groß und höchst bedeutsam. Erst wenn er den Kinderjahren entwachsen ist, kann der Mensch belustigt zurückblicken, ohne dabei Bedauern zu empfinden. Erst wenn wir *über* unseren Problemen und Schwierigkeiten stehen können, besteht die Hoffnung, dass es ein Ende damit haben wird. Eine Mutter brachte eines Abends ihren kleinen Sohn ins Bett, doch kurze Zeit später musste sie feststellen, dass er unruhig war. Er rief aus seinem Bett nach unten und bat darum, dass man ihm das Licht anlassen möge. Der Mutter war klar, dass etwas anders als sonst war, also ging sie hoch in sein Zimmer und sprach mit ihm. Da vertraute er sich ihr an. Sie erfuhr, dass am Tage andere Kinder ihm gedroht hatten, sie würden ihm den „schwarzen Mann" schicken, weil er ihnen sein Spielzeug vorenthalten hatte. Da erklärte ihm die Mutter, dass es niemals einen „schwarzen Mann" gegeben habe, die anderen Kinder hätten ihn nur einschüchtern wollen, damit er ihnen sein Spielzeug aushändige. Sie sagte ihm, dass er nun werde schlafen können. Der Junge hatte sich etwas einreden lassen, doch die Mutter kannte die Wahrheit. Weil sie die Wahrheit kannte, entdeckte sie den Grund seiner Angst, konnte sie vertreiben und ihm dadurch helfen, dass er friedlich einschlief.

Das Ziel unserer Lektion ist, dass wir lernen, *wie* wir eine richtige Einstellung gegenüber dem Gesetz entwickeln und ihm zu unserem eigenen Besten dienen können. Bei allem, was wir denken und tun, dienen wir entweder einem Prinzip oder den Dingen. Die Dinge sind Ereignisse, also die Folgeerscheinungen unsichtbarer Ursachen, doch das Prinzip ist deren Ursache selbst, ist Geist. Das Prinzip ist das, was wir in unserem Herzen denken, die Dinge sind die Folgeerscheinungen jener Gedanken. Ein Mensch, der sich von Illusionen bestimmen lässt oder der die Dinge anbetet, wird schwer beladen sein. Die Bürde, die ein Mensch tragen muss, ist das, was er als sein persönliches Eigentum betrachtet, sind die Dinge, die er für einen Teil seiner selbst hält und die er deshalb schützen, denen er dienen will.

Vor Jahren betete ein Verwandter von mir Illusionen und Dinge quasi an. Er trachtete danach, Reichtümer anzuhäufen. Für sein Vermögen arbeitete er so hart, dass er seine Gesundheit einbüßte. Da machte er eine Kehrtwendung und wollte seine Gesundheit wieder erlangen, er gab dabei sein ganzes Vermögen aus. Am Ende starb er enttäuscht und ernüchtert. Er hatte, wie so viele andere Menschen auch, in seinem Leben von vorneherein eine falsche Vorstellung von den göttlichen Gesetzen.

So eigenartig es klingt, der Mensch besitzt eigentlich keinerlei irdisch Gut. Nach unserem Verständnis des Gesetzes, dem er dient, wurde ihm alles nur geliehen. Der Mensch kam nackt auf diese Welt und verlässt sie auch so. All sein Besitz wird ihm genommen – selbst seine vielen Bürden werden wieder zur Illusion. Seine wahre Aufgabe im Leben ist es, seinen Platz im Leben zu finden, wobei sein Erkenntnisgrad bestimmt, wie er leben wird. Untersuchen Sie Ihre Bürden einmal genau. Sie resultieren aus den Vorstellungen, die Sie von Besitz haben. Es mag Menschen geben, die von Ihnen abhängig sind, die Sie versorgen müssen, um die zu kümmern Sie für Ihre Aufgabe halten, weil diese niemand anderen haben, der sie beschützt, sie versorgt. Wenn Sie jedoch erkennen, dass Gottes Kraft in alles hineinwirkt, werden Sie Ihre Vorstellung von Verantwortung verändern. Können Sie dann innerlich loslassen, so schaffen Sie damit die Voraussetzung, dass das Gute in reicherem Maße auf Sie einströmen und Sie auf vielfältigere Weise erreichen kann als bisher. Unzählige sind heute der Vorstellung verfallen, sie seien von der Hilfe anderer abhängig, auf Unterstützung angewiesen. Was sie am meisten brauchen, ist nicht Ihre oder meine Hilfe, sondern ein neues Verständnis für das Leben an sich. Zukunftsangst ist heute in allen Völkern, allen Altersgruppen verbreitet. Wer sich der Angst ausliefert, anstatt dass er den Gesetzen Gottes gehorcht, wird noch wesentlich mehr Bürden tragen müssen. Freiheit erlangen wir nur in dem Maße, wie wir unsere Bürden unter das Gesetz stellen.

Wer sich nach den Gottgesetzen richtet, dem werden nur wenige Lasten aufgebürdet. Er lebt in der Gegenwart, erfüllt täglich seine höchsten Pflichten, vergisst die Vergangenheit und überlässt den Rest der Zukunft. Damit wir dem Gesetz vertrauen können, müssen wir aus eigenem Erleben im Alltag wissen, wie wir von ihm geführt werden. Wer eine solche Führung noch nicht erlebt hat, der muss diese Erfahrung erst noch machen. Gott verlangt niemals blinden Gehorsam von uns. Erkennen Sie die Beweise für die Existenz eines unsichtbaren höchsten Wesens, das alles durchdringt, sogar Ihren Geist und Ihren Körper.

Ungehorsam dem Gesetz gegenüber ist gleichbedeutend mit einer Verweigerung gegenüber dem, was wir als richtig erkannt haben. Wir wissen alle genau, was das Rechte ist, doch wir handeln oft anders, weil es für uns den Anschein hat, als würde es das Erreichen des Zieles, welches wir vor Augen haben, behindern oder verzögern. Wir wollen schnell Resultate sehen und vergessen dabei, dass Gottes Mühlen langsam mahlen, doch gut, ja perfekt. Wir möchten sofort von unseren Krankheiten geheilt werden, sind aber nicht willens, dass wir unsere diversen Angewohnheiten aufgeben, die sie verursacht haben.

Bezeichnen wir jemanden als „Mensch mit Grundsätzen", so sehen wir in ihm einen Menschen, der in rechter Weise denkt und lebt, der sich weder beeinflussen lässt noch ein Opportunist wäre, also nie aus Eigennutz oder Geltungsdrang von dem Weg abweicht, den er für den richtigen hält. Er ist – kurz gesagt – ein Mensch, dem man absolut vertrauen kann, da er auch in Anfechtungen zu seinen Überzeugungen steht und sie weder teilweise noch vollständig über den Haufen wirft. Niemand wird leugnen wollen, dass ein solcher Mensch in höchstem Maße vertrauenswürdig ist und durch seine Stärke und Führungsqualitäten zu einem Leuchtturm für die anderen wird, die sich auf ihn als Anführer verlassen können. Der Mensch, hingegen, der leicht einem Druck nachgibt, sei es auch aus Freundlichkeit, ist niemand, auf den wir uns verlassen können.

Wenn dies für die Außenwelt des Menschen gilt, so gilt es in verstärktem Maße für unsere Innenwelt, die Welt unseres Geistes, denn Gott ist das Grundprinzip, wird nicht nur von ihm bestimmt. Wer sich von Gott leiten lässt, ist nie im Zweifel darüber, welche Rückwirkungen ihn treffen, wenn er sich an das Grundprinzip hält, denn dieses basiert auf Gesetz und Gehorsam. Daher kann es nur zu *einem* Ergebnis führen: Glück, Frieden und Gedeihen.

Alles, was von uns erwartet wird, ist, dass wir dem Gesetz der Wahrheit gegenüber Gehorsam lernen und uns nicht von den Nichtigkeiten bestimmen lassen, die ständig unseren Weg kreuzen, wenn wir uns den Blick trüben und verwirren lassen. Selig sind die, so das Wort Gottes hören und sich daran halten. „Gehorchet meinem Wort, so will ich euer Gott sein, und ihr sollt mein Volk sein." (Jer. 7, 23) Gehorchen wir dem Wort, dann verstehen wir den Ausspruch des Meisters: „Alles, was mein ist, das ist dein." (Lukas 15, 31) Es ist das Gesetz, das durch uns wirkt. Indem wir uns ihm beugen, stellen wir den Geist in uns über unsere Person. Dann trügt uns nie mehr der äußere Schein der Dinge, sondern wir wenden uns nach innen und suchen das, was echt und wahr ist, so wie Gott, das Gesetz, es vorgesehen hat. Leben wir also im Einklang mit Gott in Seinem Werk, nicht erst, wenn wir gestorben sind, nicht morgen oder nächstes Jahr, sondern hier und jetzt. Gottes Reich ist überall um uns herum, und es erwartet von uns, dass wir Seine Gesetze erkennen und sie befolgen. Wir müssen uns in unserem täglichen Leben um eine innere Verbindung zu Gott und Seinen Gesetzen bemühen und Ihn Teil unseres Lebens werden lassen. Dann wird unser Leben erfüllt sein von Liebe und Freude, Hoffnung, Gedeihen und Frieden hier und überall. Die Entscheidung hierfür liegt allein bei uns selbst.

„Gehorchen sie und dienen ihm,
so werden sie bei guten Tagen alt werden
und mit Lust leben.“

(Hiob 36, 11)

Der Entschluss

Bau auf Entschluss, nie auf Bedauern
das Gebäude deiner Zukunft.
Tappe nie in den Schatten alter Sünden,
lass das Licht deiner Seele auf den Pfad der Hoffnung scheinen
und zerstreue die Dunkelheit. Verschwende niemals Tränen
auf die befleckte Aufzeichnung verlorener Jahre,
wende lächelnd das Blatt – o lächle
beim Anblick der weißen Seiten, die dir noch bleiben.

Sprich nie von deiner Reue, und glaube,
dass ein Gottesfunke in dir wohnt. Lass ihn wachsen!
Was die empor sich streckende Seele erreichen kann,
das wissen die erhabenen und schöpferischen Kräfte des Alls;
sie werden helfen und stärken wie das Licht,
das eine Eichel zu der Größe einer Eiche hebt.
Du musst dich nur entscheiden – und siehe da:
Gottes ganze große Schöpfung wird deine Seele stärken.

Ella Wheeler Wilcox

12 *Das Gesetz des Erfolgs*

„Es hat Erfolg,
wer an sich glaubt.“

GOTT WILL, DASS JEDER einzelne Mensch im Leben Erfolg hat. Es ist Gottes Absicht, dass der Mensch sich zu etwas Großem hin entwickle. Sein Wille ist es, dass der Mensch alle Gaben in der Schöpfung sowohl nutzt als auch sich an ihnen erfreut. Das göttliche Gesetz gibt ihm alles.

Der Mensch ist dafür geboren, in Fülle zu leben. Die in ihm ruhenden Fähigkeiten sind unerschöpflich. Jeder normale Mensch hat die gesamte Palette an Fähigkeiten, die ständig wachsenden Erfolg verbürgen, wenn man sie in rechter Weise entwickelt und sinnvoll anwendet.

Der Mensch ist für den Fortschritt gemacht. Jeder hat eine unbegrenzte Entwicklungsmöglichkeit. Fortschritt in allen Bereichen ist das übergeordnete Ziel des Gotteswillens. Lernen wir, uns mit ihm in Einklang zu bringen, indem wir diese Zielsetzung unterstützen, so tragen wir selbst dazu bei, dass unser Erfolg stetig wächst.

Alle Prozesse in der Natur laufen erfolgreich ab. Die Natur kennt keinen Misserfolg. Alles ist überall auf Erfolg ausgelegt. Wollen wir in der besten und vollen Bedeutung des Wortes Erfolg haben, so sollten wir uns die Natur zum Vorbild nehmen und ihre Methoden nachahmen. In ihren Regeln und Gesetzen werden wir alle Geheimnisse des Erfolgs entdecken.

Dem Menschen stehen unbeschränkte Mittel zur Verfügung, unbegrenzt sind seine Möglichkeiten. Er konzentriert die Elemente, Energien, Kräfte des ganzen Universums und lenkt sie in seinem Sinne. Zudem kann er eine beachtliche Intelligenz entwickeln. So können alle Lebensfragen beantwortet, alle Geheimnisse der Natur entschlüsselt, alle menschlichen Probleme gelöst werden. Nichts ist unmöglich. In uns allen schlummern höhere Begabungen, beachtliche Talente, tiefere Einsichten und größere Fähigkeiten. Diese außergewöhnlichen Anlagen können durch besondere Methoden der Psychologie in kaum vorstellbarem Ausmaß zu effektivem und praktischem Nutzen entwickelt werden. Jeder kann zu wahrer Größe gelangen. Es kommt nur darauf an, den Weg dahin zu kennen. Echte Selbsthilfe, Selbstfindung, Selbsterkenntnis und die richtige Anleitung, wie man mit seinen Fähigkeiten umgeht und seine Kräfte nutzt, wird jeden Menschen fördern. Durch Übung wird es geläufiger, und durch die Anwendung erzielt man Resultate. Erfolg ist damit in Reichweite jedes strebenden Menschen.

Wollen Sie erfolgreich sein? Sie können es. Alle wichtigen Voraussetzungen dafür tragen Sie in sich – das Einzige, was Sie noch benötigen, ist das rechte Verständnis der Prinzipien und Gesetze, auf denen der Erfolg beruht. Sodann geht es darum, dass man die richtigen Methoden anwendet, um das Gewünschte zu erreichen, bis sich der Erfolg einstellt.

Das Gesetz des Erfolgs ist genauso scharf umrissen wie die Gesetze irgendeiner Wissenschaft. Die genaue Beachtung dieses Gesetzes wird immer Ergebnisse bringen, und sie sind das, was zählt. Da man die Resultate aber durch eine beharrliche Anwendung dieses Gesetzes vervielfachen kann, ist Erfolg faktisch grenzenlos. Großes ist genauso erreichbar wie die kleinen Dinge. Das Große findet seinen Weg zu dem, der das Gesetz gläubig und wissend anwendet. In welcher Lage, welchen Umständen Sie sich auch befinden, es wartet eine bessere und größere Zukunft auf Sie, doch Sie müssen sich darauf vorbereiten. Sie können nur dann in bessere und günstigere Verhältnisse kommen, wenn Sie ETWAS DAFÜR TUN. Es erfordert Eifer, Planung und Mühe. Jung und Alt ist es gleichermaßen gestattet, dass sie vorwärts kommen. Damit wir uns selbst und dem Gesetz, das uns leitet, treu bleiben, müssen wir einfach nur vorankommen, denn Fortschritt ist gleichbedeutend mit

Erfolg. Der Fortschritt liegt im Gesetz begründet. Man kann stehen bleiben, rückwärts gehen und damit die normale Entwicklung vorübergehend – möglicherweise das ganze Leben lang – hemmen, doch am Ende steht zwangsläufig das Vorankommen, vor allem im Bezug auf das Wachstum unserer Seele.

Die Natur duldet keinen Eingriff in ihre zielgerichteten Entwicklungsabläufe. Oft ist das der Grund, warum uns feindliche „Stiche und Hiebe" treffen, wenn wir nicht voranschreiten. Eine neue Haltung verbreitet sich – der Geist des Fortschritts –, und wir müssen alle mit der Zeit Schritt halten.

Sie können erreichen, wonach Sie streben. Setzen Sie sich hohe Ziele, und arbeiten Sie gründlich daran. Was Sie als Erfolg ansehen würden, können Sie erreichen. Das Gesetz funktioniert immer – es lässt Ideale Wirklichkeit werden und sorgt dafür, dass Bilder, die Sie in sich tragen, im Irdischen Gestalt annehmen. Es will Sie in Ihrem Streben, Ihrem Erfolg fördern; darauf zielt es ab. Die Fähigkeiten, über die alle großen und erfolgreichen Menschen verfügten, sind die gleichen menschlichen Fähigkeiten, die auch Ihnen zuteil wurden. Diese Menschen hatten einige richtige Erkenntnisse, benutzten daraufhin ihre Begabungen im bestmöglichen, fördernden Sinne und hatten damit Erfolg. Manche werden fragen: „Aber worin besteht wahrer Erfolg?" Dazu wird fast jeder Mensch eine andere Ansicht haben. Damit die Begriffe klar sind, lassen Sie uns definieren, was für uns dieser Ausdruck bedeutet. Die meisten Menschen betrachten irdischen Reichtum als Zeichen des Erfolgs, für andere liegt der Erfolg in der Verwirklichung persönlicher Hoffnungen oder in der Erfüllung von Herzenswünschen, für manche auch in der Erreichung ihrer ehrgeizigen Ziele oder in der Ausführung großer Taten. Wahrer Erfolg ist jedoch etwas, das mehr ist als das. Wir definieren ihn weder über Geld, Position, Ruhm noch Reichtum, wenngleich er all dies mit einschließen kann. Wahrer, echter

Erfolg höchsten Grades liegt in den erreichten Resultaten, der Ernte, die man einfährt und so verteilt, dass auch all unsere Nebenmenschen davon profitieren und die Welt bereichert wird. Für unsere Lektion jedoch soll der Ausdruck „Erfolg“ auf individuellere Weise interpretiert werden, und zwar als persönlicher Fortschritt, persönliches Wachstum, als krönender Abschluss all dessen, was wir erstrebten.

Der Mensch ist so angelegt, dass er alles, was für ihn im Leben bereitsteht, verwenden kann, um seine Kraft, seine Veredelung und seinen Erfolg zu steigern. Er kann dies erreichen, weil er auf subtile Weise auch mit seiner Außenwelt verbunden ist. Ob er sein Ziel aber erreichen wird, hängt davon ab, wie seine innere Einstellung ist – ob er den Lebensenergien in Unwissenheit dient oder ob er sie weise lenkt.

Erfolg bedingt, dass wir unser Ich und unsere Handlungen auf eine Stufe heben, die über der der Durchschnittsmenschen liegt. Die meisten Fehlschläge und Niederlagen im Leben lassen sich auf geistige Blindheit zurückführen. Wenn unser Herz das Rechte will, so denkt auch unser Verstand richtig. All unser Tun wird nach unseren inneren Motiven beurteilt, nicht nach unseren sichtbaren Leistungen. „Behüte dein Herz mit Fleiß; denn daraus geht das Leben.“ (Sprüche 4, 23) Feigheit, Unentschlossenheit in kritischen Augenblicken, Eigensinn sowie Unfähigkeit im gegenseitigen Miteinander zerstören die Hoffnungen von Millionen von Menschen, vernichten ihre Aussicht auf Erfolg. Wer hohe Ziele ins Auge fasst, muss zuallererst diese mentalen Hürden beseitigen.

Eine Voraussetzung für den Erfolg ist, dass man einen richtigen Weg einschlägt und im Denken und Tun an dem festhält, was wahr und richtig ist. Dabei ist es äußerst wichtig, Grundsätze zu haben, an denen man sich orientiert. Erfolg erwächst niemals aus den Umständen, er ist kein Glücks- oder Lotteriespiel, denn wir befinden uns nur dann im Einklang mit dem Gesetz, wenn die goldene Sittenregel Grundlage auch unserer beruflichen Tätigkeiten ist. Religion und Geschäftswelt sind nicht zwei verschiedene Wissensgebiete; sie gehören zusammen. Lord Leverhulme stellte es so dar: „Es wird oft behauptet, das moderne Berufsleben und die Grundsätze der Bergpredigt seien zweierlei Welten. Ich kann nur feststellen, dass ein Unternehmen, welches nach irgendwelchen anderen Prinzipien geführt wird, niemals dauerhaft erfolgreich sein kann." Der Beruf ist Ausdruck des höchsten Zieles eines Menschen, seiner Religion.

Nun ist durch die Ehrlichkeit, die Rechtschaffenheit und den Fleiß eines Menschen sein Erfolg noch nicht garantiert. Dazu ist wohl noch mehr erforderlich, denn wenn ein Mensch schüchtern, zurückhaltend oder ängstlich ist, so wird die Angst wie eine Bremse wirken, die den Erfolg hinauszögert. Ist jemand ein fähiger Ingenieur, der aber einen Minderwertigkeitskomplex hat, so wird er durch diesen Komplex ein Ingenieur zweiter Klasse, der sich schwer damit tut, dass er sich entsprechend seiner Ausbildung entfalten kann. Angst entsteht zumeist infolge von Fehlschlägen, sie lässt sich weder mithilfe von Drogen noch durch Operation beseitigen. Das einzige bekannte Mittel gegen Angst ist die Einsicht. Wer erkennt, dass das Universum von Gottes Kraft durchdrungen ist, für den gibt es keinen Grund zur Angst.

Die meisten von uns könnten ihren Verpflichtungen nachkommen, wären sie ohne Angst vor Misserfolg. Wir hypnotisieren uns selbst mit Vorstellungen, die uns in unserem Können lähmen. Angst trübt unseren Blick, sie betäubt unseren Sinn und bremst unsere geistigen Kräfte, die frei sein und angewendet werden müssen, wenn wir fähig sein sollen, Unheil abzuwenden. Sobald Angst unsere Sinne verwirrt, können wir kaum mehr eine sich bietende Gelegenheit ergreifen. „Denn Gott hat uns gegeben statt den Geist der Furcht den der Kraft und der Liebe und der Zucht." (2. Tim. 1, 7)

Die Religion eines Menschen beschert ihm allein noch keinen Erfolg. Genauso wie man eine Brille für ein besseres Sehvermögen trägt, so hat man mehr vom Leben mit einer Religion, die dazu dient, dass unser Horizont weiter wird. Eine echte Religion verhilft dem Menschen zu einem erweiterten Blickfeld, während der diesseitsbezogene ungläubige Mensch eingeengt ist durch seine beschränkte Sichtweise. Wenn wir glauben, dass die Fülle von Menschen oder von materiellen Umständen abhängig ist, und wir dann besorgt sind, wenn die Menschen uns enttäuschen, so verschlechtert sich unsere Situation weiter. Der einzig wirksame Schutz ist die Erkenntnis, dass Gott (das Gesetz) für uns die Fülle ist, sowie die immer währende Bekräftigung dieser Erkenntnis. Wünschen wir uns Erfolg, müssen wir unser Denken, Reden und Tun ganz auf den Erfolg einstellen, und wenn wir wissen, dass Gott, das Gesetz, uns darin unterstützt, so wird uns dies leichter fallen. „Der Herr gibt Gnade und Ehre: er wird niemals Gutes mangeln lassen den Frommen." (Psalm 84, 12) Der fromme Mensch erkennt, dass Der, der *für* uns ist, größer ist als das, was *gegen* uns ist.

Man sagt, die Hälfte unserer Fehlschläge rühre daher, dass wir in dem Moment, wo unser Pferd dazu ansetzt, über das Hindernis zu springen, die Zügel anziehen und es zum Stehen bringen. Erfahrene Reiter geben ihrem Pferd die Zügel frei, wodurch ein sicherer Sprung gewährleistet ist. Die Hälfte unserer Misserfolge entsteht also dadurch, dass wir in dem Moment stehen bleiben, in dem wir eigentlich all unseren Energien freien Lauf lassen sollten, damit der Sprung gelingt. Wir reißen uns zurück und scheitern in dem Augenblick, in dem wir auf einen Sieg zureiten könnten.

Einmal sprangen zwei Jungen in einen Fluss und forderten einander heraus, zum anderen Ufer zu schwimmen, das etwa 3 Kilometer entfernt war. Sie schwammen mit starken und gleichmäßigen Zügen, und der, der einen Vorsprung gewann, schwamm weiter bis zum anderen Ufer, ohne sich umzusehen. Als er dort ankam und an das Ufer kletterte, blickte er zurück und stellte fest, dass sein Freund nirgendwo in der Nähe war. Er sah genauer hin, und siehe da, dort drüben stand er am anderen Ufer, von dem sie losgeschwommen waren. Als er wieder bei seinem Freund war, fragte er ihn: „Wie kam es, dass du mir nicht durch den Fluss bis ans andere Ufer gefolgt bist?" Der andere Junge wandte sich um und antwortete: „Nun, als ich etwa die halbe Strecke geschafft hatte, blickte ich zurück und sah, wie weit ich gekommen war und hatte Angst vor der zweiten Hälfte, daher kehrte ich um." „Aber", meinte der Junge, der den Fluss durchquert hatte, „warum kamst du nicht auf die Idee, nach vorne zu schauen, wie ich es tat, denn ich sah nur, wie das Ufer mit jedem Zug immer näher rückte. Es ist doch wohl genauso schwierig, wenn man umkehrt, damit man das sichere Ufer erreichen kann, wie wenn man in Richtung des Zieles weiterschwimmt?"

Als Moses die Kinder Israel aus Ägypten herausführte, dem verheißenen Land entgegen, da trafen sie auf ein scheinbar unüberwindliches Hindernis: das Rote Meer. Einige wollten umkehren, viele murrten und klagten, weil sie schon einen so weiten Weg aus Ägypten gemacht hatten. Moses rief laut: „Gott, was soll ich tun?" und er erhielt Antwort: „Was schreist du zu mir? Sage den Kindern Israel, dass sie ziehen." (2. Mose 14, 15) Moses sprach zu seinem Volk, und als sie in das Meer traten, teilten sich die Wasser, und sie gingen trockenen Fußes hindurch. Moses brach alle Brücken hinter sich ab, so gab es keine Möglichkeit mehr für eine Umkehr.

Erfolg ist Fortschritt in einzelnen Etappen. Niemand kann ohne Training erfolgreich werden. Ein Sportler trainiert über Wochen und Monate als Vorbereitung auf einen Wettbewerb, der vielleicht nur einige Minuten dauert. Das wirkliche Geheimnis besteht im VORWÄRTSkommen, und diese besondere

Geisteshaltung, die eine ständige Fortentwicklung begünstigt, ist von ausschlaggebender Bedeutung für den Erfolg. Niemand kann sein Ziel erreichen, wenn er nicht von dem Wunsch *erfüllt* ist voranzukommen. Bereits der erste Schritt muss völlig durchdrungen sein von dem „Geist des Fortschritts", so dass man von dem nachhaltigen Wunsch erfüllt ist und Besseres und Größeres erreichen *will*. Der Wunsch nach Fortschritt setzt voraus, dass man zum Fortschritt fähig ist. Dieses Gesetz ist in seiner Wirkungsweise genauso unerbittlich wie jedes Gesetz im Bereich der Naturwissenschaft. Die Tatsache, dass Sie den Erfolg herbeiwünschen, beweist, dass Sie erfolgreich sein können, anderenfalls würden Sie nicht den Drang danach verspüren. Es ist kaum möglich, dass sich jemand nach Erfolg sehnt, ohne dass er ihn auch herbeiführen würde. Der Wunsch erweckt die Fähigkeit, diese beeinflusst unsere innere Einstellung, und der Erfolg ergibt sich dann aus der rechten Einstellung.

Studiert man die Lebensläufe erfolgreicher Menschen, stößt man auf eine auffallende Tatsache: Ein gemeinsames Merkmal, das für den Erfolg verantwortlich ist, ist eine aufbauende Geisteshaltung. Psychologen bezeichnen Menschen mit einer derartigen Geisteshaltung als „Erfolgsmenschen". So einfach es auch erscheinen mag, in fast allen Fällen entscheidet die vorherrschende Einstellung eines Menschen über seinen Erfolg oder Misserfolg. Sie ist heute in der Regel falsch und damit die Ursache für unseren Misserfolg. Die Entdeckung dieser bemerkenswerten Tatsache durch die moderne Psychologie verhilft uns dazu, einige große praktische Probleme an der Wurzel zu packen, und sie zeigt uns einen Weg aus Not und Misserfolg. In wenigen Worten gesagt: Im Grunde entscheidet allein die positive Einstellung des Menschen, der sich etwas zutraut, und die negative Haltung desjenigen, der sich nichts zutraut, darüber, wer Erfolg und wer Misserfolg hat. Der Erstgenannte erfährt die Wahrheit und erkennt, dass er etwas bewirken kann.

Dieser Gedanke weckt seine schlummernden Kräfte, bringt sie zum Einsatz, lässt in ihm den großen Wunsch erstehen voranzukommen und spornt ihn an zu Aktivitäten – und so gelangt er zum Erfolg.

Einige Menschen sind jedoch davon überzeugt, dass sie so bleiben müssen, wie sie sind. Sie glauben, Gott habe sie in eine feste Form gegossen, und die Fähigkeiten bzw. geringen Einflussmöglichkeiten, über welche sie verfügen, seien alles, was sie sich in diesem Leben erhoffen oder wünschen können. Die wissenschaftliche Erforschung der Geheimnisse des menschlichen Bewusstseins offenbart eine wunderbare Welt von Fähigkeiten und Möglichkeiten. Aus psychologischer Sicht ist erwiesen, dass jeder von uns über dieselben Möglichkeiten verfügt, und zwar über weit mehr, als wir uns jemals hätten träumen lassen. Die gleichen menschlichen Gaben und Fähigkeiten, über die große und erfolgreiche Menschen verfügen, sind in jedem von uns angelegt. Der einzige wirkliche Unterschied besteht darin, wie stark diese entwickelt werden.

Betrachten Sie sich nun einmal – von einem höheren Standpunkt aus – sich selbst, Ihr Leben, Ihre Lebensumstände, die Dinge und Menschen im Allgemeinen. Indem Sie das Bessere und Größere wahrnehmen, öffnen Sie sich – bewusst oder unbewusst – für das Bessere und Größere. Mit anderen Worten: Ihre Gedanken, Wünsche, Worte und seelischen Handlungen werden vermehrt vom „Geist des Fortschritts" erfüllt, dadurch erhalten Ihre Fähigkeiten Verstärkung, Ihre Kräfte wachsen.

Spüren Sie die Kraft, die von den Worten „ich kann" ausgeht, und Sie haben den Schlüssel für die Einstellung, die man für Erfolg benötigt, in der Hand. Machen Sie sich klar, dass Sie erfolgreich sein können, und legen Sie diese starke Überzeugung Ihrem Denken, Ihrem Leben, Ihrem Tun zugrunde. So sehr Sie sich auch bemühen mögen und dem Geheimnis des Erfolgs auf den Grund kommen – Sie werden erkennen, dass letzten Endes alles in den zwei kleinen Wörtern „ich kann“ enthalten ist.

Die moderne Psychologie hat entdeckt, dass der Mensch, der an seinen Erfolg glaubt, sehr schnell die Fähigkeit entwickelt, erfolgreich zu sein. Dies ist ein nachweisbares Gesetz der Willenskraft. Denken Sie beständig, dass Sie das, was Sie tun wollen, auch tun können, und schon bald finden Sie sich in der Situation wieder, dass Sie genau das tun. Das geht ohne Wunder, selbst wenn es so erscheint; das Gesetz wirkt sich einfach so aus. Das Prinzip besteht darin, dass wenn man die „ich kann“-Haltung einnimmt, alle Energien in unserem Unterbewusstsein auf die Fähigkeiten konzentriert, die für die Erreichung des Gewünschten benötigt werden, und diese aufbaut, bis sie so groß und stark sind, dass man tatsächlich das zur Ausführung bringen kann, was zuvor unmöglich schien.

Als Napoleon Italien erobern wollte, stand er einem scheinbar unüberwindlichen Hindernis gegenüber: den hoch aufragenden Alpen. Die Menschen, die ringsumher wohnten, betrachteten sie als absolut unübersteigbar, aber in Napoleons Kopf gab es keinen Platz für Sätze wie „ich kann nicht“. Er war zur Eroberung entschlossen und sagte ständig zu sich selbst: „Ich kann es!“ Als die Leute in dem Land auf der anderen Seite des Gebirgszuges Napoleon mit seinem Heer von oben herabsteigen sahen, waren sie so überrascht, dass sie praktisch ohne Gegenwehr überwältigt wurden. Der Schock darüber, dass er getan hatte, was allgemein für unmöglich gehalten wurde, nahm ihnen die Kraft für eine Gegenwehr. Damit wurde aus seinem größten Hindernis für ihn der sichere Weg zum Erfolg. So verhält es sich mit allen Schwierigkeiten. Aus höherer Warte betrachtet, sind Hindernisse immer Sprossen auf der Leiter zum Erfolg. John Bunyan wurde inhaftiert, und während seiner Zeit im Gefängnis sah er sich einem Problem gegenüber, das mit Napoleons Alpenproblem vergleichbar war. Er wollte mit seiner religiösen Arbeit fortfahren und gab sich nicht so leicht geschlagen. Als man ihm einen Milchkrug brachte, dessen Öffnung mit einem zerknüllten Stück Papier verschlossen war, schrieb er darauf sein unsterbliches „Pilgrim's Progress". Allein dieses Buch fand seinen Weg zu mehr Menschen, als er in seinem ganzen Leben durch Predigen hätte erreichen können.

Hindernisse bieten uns Gelegenheit, unsere verborgenen Kräfte zu mobilisieren. Sie locken uns aus der Reserve und machen uns stark; sie führen uns zu dem Ziel, das wir im Auge haben. Wenn Sie in der Klemme stecken, sich weiterentwickeln wollen, sagen Sie sich die Worte vor: „Ich kann." Denken Sie daran, dass diese einfachen Worte die Zauberformel für den Erfolg bergen und jedes lohnenswertes Ziel dadurch erreicht wurde, dass dabei auch diese Worte verwirklicht wurden.

In welcher Lebenssituation wir uns befinden, hängt weitgehend von unserer inneren Einstellung ab. Wer die „ich kann nicht"-Haltung einnimmt, verbreitet Mutlosigkeit, Trübsinn und Misserfolg. Andere strahlen Erfolg aus durch ihre frohe, vertrauensvolle und energische „ich kann"-Haltung. Solche Menschen treffen wir überall. Der eine zieht Not, Unglück und Missgeschick an, der andere zieht das Allerbeste an und steigt durch seinen Erfolg immer höher hinauf. Der Negative, Schwache, der „ich kann nicht"-Typ, stößt uns ab; wir meiden ihn instinktiv. Das kommt daher, dass das Gesetz uns vor einem Umgang mit ihm warnt, da er sich nicht in Einklang mit der göttlichen Ordnung befindet. Der starke „ich kann"-Typ zieht uns hingegen an. Er ist optimistisch, und wir begeben uns gerne in seine Gesellschaft, machen gerne Geschäfte mit ihm. Jeder von uns hat seine eigene persönliche Atmosphäre, genau so wie jede Blume ihren Duft. Also bemühen wir uns darum, dass wir eine starke, positive „ich kann"-Haltung aufbauen, die uns zum Erfolg führen wird.

In jeder Lebenslage können Sie über den Dingen oder Bedingungen stehen – wenn es im Moment nicht so ist, so liegt dies doch im Bereich Ihrer Möglichkeiten. Was auch immer Sie erreichen wollen, seien Sie sich Ihres Erfolgs sicher. Zielen Sie hoch, zielen Sie gut, und es werden nur ganz vereinzelt Fehler auftreten. Halten Sie sich an die „ich kann"-Einstellung und bekräftigen Sie diese ständig. Sie werden Ihr Ziel erreichen, Sie werden gewinnen, ganz sicher! John D. Rockefeller sagte: „Der Mensch, der nur den *Wunsch* hat, reich zu werden, wird es kaum schaffen. Er muss von dem Wunsch geradezu *beseelt* sein. Es gibt kein Geheimnis für geschäftlichen Erfolg. Wer seine täglichen Aufgaben erfolgreich löst, sich gewissenhaft innerhalb der Grenzen der Handelsgesetze bewegt und einen klaren Kopf bewahrt, wird gut klarkommen."

Der nächste Schritt besteht darin, dass Sie Ihrem Leben eine Ausrichtung geben bzw. Ihr Ideal, Ihre Zielsetzung festlegen. Machen Sie sich in Ihrer Vorstellung ein Bild, in dem Sie das festhalten, wonach Sie sich sehnen. Beginnen Sie mit Beharrlichkeit an der Erreichung Ihres Zieles zu arbeiten. Das Leben gleicht im Grunde einer Stufenleiter. Jede Stufe kann Sie vor neue Probleme stellen, doch jedes Mal, wenn Sie mit einem neuen Problem konfrontiert sind, sollten Sie Ihren Blick nach oben gerichtet halten – auf Ihr Vorhaben, Ihre Absicht, Ihr Ziel. Bleiben Sie sorglos, wenn Ihre ersten Versuche noch bescheiden und unausgegoren sind – es sind Ihre ersten Schritte. Vergleichen Sie sich niemals mit anderen; jeder hat einmal ganz unten angefangen. Machen Sie sich auch bewusst, dass Sie niemals versagen können, solange Sie weitermachen. Sie können niemals scheitern, wenn Sie niemals aufgeben. Bleiben Sie dran – jeder Versuch bringt ein Ergebnis. Erfolg ist schließlich nur die Summe vieler guter Ergebnisse.

„Verschiebe nie auf morgen, was du heute kannst besorgen", sagte Benjamin Franklin. Der schlimmste Feind, dem Sie auf der Straße des Lebens begegnen können, wohnt in Ihnen. Sein Name lautet Aufschub. Aufschub tötet den Ehrgeiz. Er verleitet uns und wir sind unentschlossen, was Misserfolg nach sich zieht. Üben Sie sich darin, dass Sie klare und schnelle Entscheidungen treffen. Achten Sie auf die kleinen Fragen, mit denen Sie konfrontiert werden, diese werden dann automatisch bei der Lösung eventuell auftretender anderer großer Fragen behilflich sein. Wer für sich selbst nur schwer klare Entscheidungen treffen kann, ordnet seine eigene Meinung fremden Meinungen unter – so wird er z. B. auch empfänglich für herrschende Vorurteile gegenüber anderen Rassen, schließt sich ihnen an und wird damit Teil einer Masse, kann somit auch nur anziehen, was die Masse ihm zu bieten hat.

Was machen Sie mit Ihrer Freizeit? Wie verbringen Sie sie? Wo verbringen Sie sie? Messen Sie ihr irgendeinen Wert bei? Heute hängt viel Profit und manchmal der ganze Erfolg davon ab, wie man die Kleinigkeiten – die so genannten „Nebenprodukte" – nutzt. Nebenprodukte fallen bei der Herstellung des Hauptproduktes an, doch auch sie haben ihren ganz eigenen Wert. Alle großen Firmen haben ihre Nebenprodukte, irgendwelche Kleinigkeiten, die sich gewinnbringend verkaufen lassen. Die „Armour Meat Packing Company" (eine Firma, in der Fleisch verpackt wird) schlägt aus all ihren Nebenprodukten Profit, und es gibt deren zahllose – von Schweineschwänzen bis zu Tierhaar. Die Schweineschwänze werden getrocknet und als Delikatesse verkauft. Aus dem Haar stellt man Bürsten und starke Seile her. Würde die Firma Armour die Verwendung der Nebenprodukte unterlassen, würde die Dividende, die sie ihren Aktionären zahlt, wesentlich niedriger ausfallen.

Für uns zählt folgender Gesichtspunkt: Selbst wenn wir keine Produzenten wie die Armour Meat Packing Company sind, so treiben wir doch Handel mit unserer Zeit. Unser Erfolg hängt davon ab, wie wir unsere Zeit und ihre vielen Nebenprodukte – die überschüssigen Momente – nutzen. Was ist mit diesen Zeitreserven? Werden sie sinnvoll genutzt, so bringt das außer eindeutigem Gewinn auch noch die Verstärkung der eigenen mentalen Aktivitäten. Jede Minute, die Sie sparen, indem Sie sie nutzbringend und sinnvoll verwenden, macht Ihr Leben wertvoller und erhöht Ihre Chance auf Erfolg. Jede vergeudete Minute ist ein Nebenprodukt, das wir vernachlässigt haben. Ist sie vorüber, kehrt sie nicht wieder.

Denken Sie an die Viertelstunde vor dem Frühstück, an die halbe Stunde danach, die zwanzig Minuten in der Straßenbahn, die Zeit, welche wir während des Tages beim Warten auf einen Termin verschwenden – und dann an die große Anzahl von Gelegenheiten, die sich täglich bieten: Man könnte lesen, sich etwas ausdenken, sich konzentrieren oder für sein Ziel tätig sein. Verwenden Sie Ihre ganze Zeit in konstruktivem Sinne. Nur die, die kein Ziel, keine Werte und keinen Erfolg haben, sprechen vom „Totschlagen der Zeit". Wer seine Zeit totschlägt, macht seine Chancen kaputt, während der Erfolgreiche seiner Zeit Leben einhaucht und ihr einen Sinn verleiht. Ich höre es immer gerne, wenn jemand sagt, ein Tag sei für ihn nie lang genug. Ein solcher Mensch nützt sein Leben aufs Beste aus und – ich wage die Behauptung – hat Erfolg.

Resümierend lässt sich Erfolg also definieren als die Art und Weise, wie wir zwei wertvolle Dinge nutzen: *unsere Zeit* und *unser Denkvermögen*. Das Wissen alleine bringt noch kaum Erfolg – es kommt darauf an, wie wir dieses Wissen umsetzen. Es ist wichtig, dass wir immer daran denken, wie hinter all unserer Mühsal, allem Ringen, unter dem Staub und hinter den Nebelschleiern, die die Dinge umgeben, die Arme des Vaters verborgen sind, die uns führen, schützen und stützen. Woran wir auch Mangel leiden – Er hat es. Was wir auch benötigen – Er kann es uns geben. Auf welches Hindernis wir auch stoßen – Gott, dessen Kraft uns erfüllt und umgibt, kann es überwinden. „So nah ist Gott dem Menschen", schrieb Emerson, „dass, wenn die Pflicht leise flüstert: ‚Du sollst!', der junge Mensch antwortet: ‚Ich kann!'"

Du kannst es

Wenn du denkst, du seiest besiegt, dann bist du es,
wenn du denkst, du wagst es nicht, dann ist es so,
wenn du gewinnen willst, doch denkst, du kannst es nicht,
kannst du ganz sicher sein, dass du's nicht schaffst.

Wenn du denkst, du seiest verloren, dann bist du es,
denn draußen in der Welt erkennen wir:
Der Erfolg liegt in des Menschen Wille,
wie er die Weichen stellt, liegt nur an ihm.

Wenn du denkst, man übertreffe dich, dann ist es so.
Hoch musst du denken, um emporzusteigen.
Du musst dir deiner sicher sein,
bevor du hoffen kannst zu siegen.

Nicht immer trifft des Lebens Kampf
den Stärkeren oder Schnelleren,
doch wer zuletzt als Sieger sich zeigt,
IST DER, DER DENKT: ICH KANN ES!

Verfasser unbekannt

ISBN 3-9523035-1-8